PROMESSAS DE DEUS PARA SUA VIDA

PROMESSAS DE DEUS PARA SUA VIDA

ELDO FERREIRA | GARY HAYNES | GILSA PANCOTE

Haynes, Gary
H424 Promessas de Deus para a sua vida/ Gary Haynes,
Gilsa Pancote e Eldo Ferreira dos Santos
– Belo Horizonte: Editora Atos, 2010.
144 p.
ISBN 978-85-7607-120-4
Elaborada por: Maria Aparecida Costa Duarte
CRB/6-1047

1. Promessas de Deus. 2. Fé em Deus. 3. Manual bíblico de promessas.
I. Santos, Eldo Ferreira. II. Pancote, Gilsa. III. Título

CDU: 230.112 CDD: 234.2

Coordenação editorial
Walkyria Freitas

Capa
Rafael Brum

Diagramação
Marcos Nascimento

Primeira edição
Dezembro de 2010

Caixa Postal 402
30161-970 Belo Horizonte MG
Telefone: (31) 3025-7200
www.editoraatos.com.br

Prefácio

O livro *Promessas de Deus para a sua vida* que agora você tem em mãos poderá mudar a sua vida para sempre.

Se você não apenas o ler e deixar de lado, mas tomar cada promessa contida nele como palavra viva de Deus e, em seguida, abrir a sua boca e pronunciá-la com fé sobre si mesmo, sua família, seus relacionamentos, seus negócios, seu ministério e todos os aspectos da sua vida, verá o poder de Deus e o Senhor agindo em seu favor! Você poderá experimentar o mover de Deus de uma forma nunca vista antes. Só depende de você.

As promessas de Deus são a base para uma vida abençoada, e até consideradas como alicerces fundamentais para o seu relacionamento com o Senhor. Uma das principais formas de Deus agir em nossas vidas e se relacionar conosco é através delas. O pacto ou a aliança que Ele tem conosco é baseado nas promessas, como está escrito em Hebreus 8.6: "... O ministério que Jesus recebeu é superior ao deles, assim como também a aliança da qual ele é mediador é superior a antiga, sendo baseada em promessas superiores".

Tendo isso em mente, podemos concluir então que a nova aliança é *baseada* em promessas de Deus. Por isso um estudo mais aprofundado sobre o assunto é uma das coisas mais importantes que você pode fazer em toda a sua vida!

Examinando as Escrituras, você verá que a maioria das mais importantes e influentes histórias bíblicas são relatos de pessoas de Deus aplicando promessas em suas vidas.

Abraão recebendo seu filho Isaque é a história de um homem que se firmou naquilo que Deus tinha prometido, e nunca desistiu até ver a bênção acontecer. Noé sendo salvo com sua família é outro exemplo de um homem que acreditou numa promessa de Deus, mesmo se expondo ao escárnio de seus contemporâneos. Ele levou a sério a promessa de Deus de salvar-se com a família, se obedecesse às condições da promessa de Deus, que era construir uma arca e colocar em ação o comando do Senhor. Ao construí-la, ele viu Deus cumprir tudo o que havia combinado.

As promessas de Deus são condicionadas às nossas atitudes. Se você não tomar posse, declarando-as com fé e agindo de acordo, elas não se realizarão. Depende dos seus atos, de você insistir em vê-las cumpridas. Deus cumpriu sua promessa a Abraão por causa da persistência dele em acreditar que o Senhor iria fazer tudo o que tinha prometido.

Da mesma forma, você e eu, às vezes, deixamos de experimentar as bênçãos de Deus por não entendermos os direitos dados pelas promessas do Senhor e por sermos passivos quanto a elas. Mas a verdade explosiva é que quando conhecemos Cristo como salvador, nos tornamos co-herdeiros das promessas de Deus. Você tem o direito, dado pelo próprio Criador, de participar do favor divino dele, garantido através das promessas contidas na Palavra.

Tive a ideia de criar essa obra porque percebi que muitas pessoas estavam sendo roubadas das bênçãos de Deus, por não saberem se apropriar daquilo que Ele intencionava fazer para elas. Para ajudar na compreensão, esse livro começa com uma explicação sobre o que são as promessas de Deus, e a incrível importância de entendermos o assunto se quisermos experimentar as plenas bênçãos do Senhor.

Em seguida, escolhemos promessas bíblicas, que você encontrará na parte superior de cada página. Depois, apresentamos uma lição de fé sobre cada promessa citada, para você entendê-la melhor. Por último, você verá abaixo de cada promessa uma área que chamamos *Declarando a promessa*, que é uma poderosa personalização da promessa de Deus para você declarar sobre a sua vida.

Creio que em breve, ao descobrir o incrível valor do *Promessas de Deus para a sua vida*, você irá usá-lo todos os dias, abrindo-o para encontrar mais uma promessa de Deus e declarando-a em voz alta. Desta maneira você estará colocando sua fé em ação. Tenho certeza que você verá a mão poderosa do Senhor operando em seu favor, se houver sinceridade de sua parte e estiver se relacionando genuinamente com Deus.

Eu tive a ideia e esbocei o projeto. Escrevi a parte inicial e, em seguida, tivemos o apoio de dois excelentes pesquisadores e escritores, Eldo Ferreira e Gilsa Pancote, que fizeram as *Lições de fé para a minha vida* e *Declarando a promessa*. Parabenizo aos dois pela maravilhosa colaboração que trouxeram a esse grande projeto.

Tenho certeza de que o livro *Promessas de Deus para a sua vida* irá se tornar o seu novo livro de cabeceira, e que, através dele, você poderá experimentar grandes bênçãos do Senhor na sua vida!

Pastor Gary Haynes
Dezembro de 2010

Vivendo as promessas de Deus

Por Gary Haynes

Quando eu tinha 12 anos de idade, minha família começou uma grande aventura missionária. Até então, meu pai pastoreava uma igreja na Califórnia e trabalhava com Pat Robertson, fundador do ministério de televisão *Clube 700*, como seu braço direito para a região oeste dos Estados Unidos.

Naquela época, o ministério do meu pai tinha atingido seu ápice até então: ele estava impactando mais vidas do que nunca com a Palavra de Deus e as coisas de fato iam extremamente bem. Nossa vida familiar espelhava esse momento bem-sucedido. Eu tinha desenvolvido ótimas amizades, vivíamos numa casa maravilhosa, tínhamos bons carros, morávamos perto dos meus avós, tios e primos. Éramos uma família unida: nossa vida de fato ia *muito* bem.

Nesse momento tão feliz, meu pai falou que queria levar-nos para a selva amazônica, no norte do Brasil, para trabalharmos como missionários. Primeiro, nós iríamos passar um ano viajando pelos EUA. Visitaríamos igrejas para prepararmos uma base de mantenedores que apoiariam em oração e materialmente a nossa nova empreitada evangelística no Amazonas.

Aceitei bem a ideia de deixar tudo e todos para trás, nesse projeto em prol do Reino de Deus. Encarei como uma grande aventura e estava bastante animado para chegar à cidade que seria nossa nova base, Manaus, e começar o processo de aprender uma nova língua e me entrosar numa cultura diferente.

Mas o que atrapalhava esse momento empolgante era o fato de que eu estava sendo atacado por um medo pernicioso e constante, que tive vergonha de compartilhar com quem quer que fosse. Eu havia assistido a filmes e documentários sobre a Amazônia e sabia que era um lugar de extremo perigo. Entre jacarés, piranhas que comiam carne de seres vivos, inclusive humanos, nas águas dos rios da região, e inúmeros tipos de cobras venenosas, além de anacondas gigantes que, de acordo com os filmes que eu tinha visto, engoliam homens inteiros, havia muitas maneiras de alguém ter uma morte precoce naquela selva.

É claro que a maioria dos filmes exacerbavam os fatos, que servia apenas para fazer crescer de forma exponencial meu medo, por causa dos exageros tipicamente hollywoodianos. Tinha visto nos filmes piranhas que pulavam fora da água e arrancavam as pessoas da canoa, para em seguida as devorarem, jacarés gigantes que conseguiam engolir um homem com uma mordida e anacondas que pareciam quase dragões mitológicos, de tão enormes e ferozes.

Confesso que isso tudo me deixou aterrorizado com o nosso projeto ministerial de morarmos num lugar com monstros dessa natureza. Eu queria ser um bom filho, acompanhar meus pais, ser um servo de Deus e também fazer o que o Senhor tinha designado para nós. Mas durante os meses em que preparávamos para nos mudar, enquanto visitávamos igreja após igreja, eu estava tendo pesadelos quase todas as noites, acordando com calafrios, sempre assustado e atormentado, com visões de tragédia e morte na selva amazônica.

Em um dos pesadelos, vi uma perna minha sendo arrancada por um jacaré. Em outro, piranhas dilaceravam meu corpo todo, mordendo pequenos pedaços, enquanto eu gritava, sentindo uma dor inacreditável. E ainda em outro, eu era asfixiado por uma anaconda, sem nem poder gritar para pedir socorro. A cada dia que passava, eu estava ficando mais e mais atordoado e angustiado pelo medo que sentia no meu mundo particular e íntimo. Porém, eram sentimentos que me envergonhavam, e eu não podia me abrir para pedir a ajuda de ninguém.

Certo dia, num dos cultos em que meu pai ministrava, um homem que eu nunca tinha visto antes veio falar comigo durante o tempo de oração. Ele me disse que o Senhor estava nos levando para pregar a Palavra de Deus no Amazonas e que, apesar de grandes perigos do lugar, Ele nos conduziria sãos e salvos e nos traria de volta do mesmo jeito. Ele me disse que eu não precisava ter medo de nada, pois Deus tinha tudo sob controle, e que eu podia confiar minha vida e proteção nas mãos do Senhor.

Aquela palavra de encorajamento bateu instantaneamente no fundo da minha alma, me trazendo a paz "que excede todo o entendimento" (Fp 4.7). Naquele instante eu tive a certeza de que quem falava comigo não era aquele homem, e sim o Espírito Santo de Deus!

Em seguida me saltou aos olhos que a promessa de Deus em Marcos 16. 15,18, endereçada aos missionários, indo às nações para pregar, era de proteção: "Vão pelo mundo todo e preguem o evangelho a todas as pessoas... pegarão em serpentes; e, se beberem algum veneno mortal, não lhes fará mal nenhum".

Na mesma hora compreendi outra promessa de Deus, que diz: "Como é feliz aquele que se interessa pelo pobre! O SENHOR o livra em tempos de adversidade. O SENHOR o protegerá e preservará a sua vida" (Salmos 41.1-2).

A partir de então, me apeguei à promessa de Deus com garra e entusiasmo. Mesmo sendo muito novo, eu entendia que se o Senhor tinha me prometido alguma coisa, iria cumpri-la na minha vida. Mesmo não tendo, até então, um entendimento profundo de teologia, eu sabia uma coisa: se Deus tinha prometido, seria fiel na realização da sua promessa. E eu tinha certeza de que podia confiar em Deus.

Recebi a palavra de encorajamento do irmão no culto, porém, mais importante que isso, eu tinha o respaldo da Palavra e a confirmação dentro do meu coração de que essa promessa de Deus era para mim!

Desse dia em diante, os pesadelos noturnos acabaram e também o terror na minha alma durante o dia. Meu paradigma tinha mudado. Agora eu não mais precisava ter medo do perigo da selva. Eu acreditava em Deus e em sua Palavra, e sabia que podia ir com confiança, ousadia e coragem para onde Deus quisesse.

Quando chegamos à selva, eu era uma pessoa diferente. Com apenas 13 anos de idade, na nossa chegada, eu me tornei intrépido e audaz. Enquanto o resto da família ficava em Manaus, em nossa casa, eu pedia sempre para acompanhar meu pai nas viagens missionárias a bordo do nosso barco, O Semeador, para ajudá-lo na pregação do evangelho aos ribeirinhos, no interiorzão da Amazonas. Eu não tinha mais medo de nada! Encarava tudo por um motivo apenas: eu estava respaldado na promessa de Deus para a minha vida.

Nos anos seguintes, tive muitos encontros com animais e répteis perigosos, mas sem sentir nenhum medo. Certa vez, andando bem perto de um rio à noite, numa região cheia de jacarés, cheguei a pisar em um deles. Porém, em vez de me atacar, como um mecanismo de defesa, que seria o esperado por eu ter pisado nele, ele fugiu de mim.

Também perdi a conta das vezes em que me deparei com cobras venenosas. Certa vez, abaixei a cabeça para passar debaixo do galho de uma árvore e, no último momento, dei de cara com uma cobra venenosa enrolada nele. Já pisei sem querer em cobras e, em outra ocasião, quando fui pegar um objeto, de repente percebi que havia uma cobra bem atrás. Mas em vez de me picar, ela pulou para longe de mim, obviamente assustada.

Vez após vez tenho visto a Palavra de Deus ser cumprida em minha vida! Depois do período que morei na selva com meus pais, já voltei dezenas de vezes para lá, em viagens missionárias para os quatro cantos da Amazônia. Nada menos do que em dezenas de acontecimentos tive a vida poupada em encontros inesperados com cobras, arraias, jacarés, onças, piranhas e outras criaturas que habitam os rios e a selva amazônica.

Certo dia, quando voltava de uma caminhada na selva, vi em cima das minhas pegadas de ida as pegadas de uma onça grande que, sem que eu percebesse, tinha me seguido. Com certeza ela estava me caçando para comer, mas jamais me atacou. Se ela tivesse me atacado, me pegaria de costas e eu teria tido poucas chances de me defender. Com certeza Deus fez a onça mudar de ideia e ir atrás de outra presa!

Constantemente tenho sido salvo do perigo e da morte, porque Deus me prometeu isso e eu o estava servindo, trabalhando para levar a Palavra aos ribeirinhos e aos povos indígenas das tribos. Eu tomei posse da promessa, e o Senhor sempre cumpriu a sua Palavra! Tem sido fascinante saber que eu posso estar em meio a perigos da selva para pregar a Palavra e que Deus cuida de mim. E como Ele tem sido fiel, sempre fiel! Quando Deus promete, Ele cumpre suas promessas. Você pode acreditar.

Mas tenho certeza de que a mão de Deus opera para me proteger por um motivo: eu tenho fé na Palavra e ajo de acordo. Tomei posse da promessa dele para mim. Esse é o grande segredo. Mas muitos não entendem e, por isso, perdem o benefício de ver as promessas de Deus se cumprir em suas vidas.

As promessas de Deus estão condicionadas a você acreditar nelas e agir de acordo. Caso contrário, você ata as mãos de Deus para agir na sua vida como Ele gostaria. Somente quando você crê na Palavra do Senhor e age em cima dessa fé nele é que Deus opera e cumpre as suas promessas. Quando não entendem nem praticam esse incrível e poderoso princípio, muitos deixam de experimentar tudo o que Deus tem para as suas vidas.

Mesmo Deus tendo prometido que cuidaria de mim no meio da selva e do perigo, se eu não tivesse acreditado em sua Palavra, e agido de acordo, com certeza não teria visto Deus me protegendo vez após vez, enquanto eu pregava sua Palavra aos necessitados. Tenho visto Deus atuando porque eu tenho agido com fé em suas promessas.

O apóstolo Paulo era um homem igual a qualquer um de nós. O que o tornava especial era apenas o fato de que quando Deus falava, ele acreditava! Acho fascinante a história do naufrágio que ele enfrentou a caminho de Roma. Depois de serem atormentados durante muitos dias por uma terrível tempestade no mar, todos estavam à beira da morte, e muitos já tinham perdido esperança.

Foi nesse momento crítico que Paulo se pôs no meio deles e chamou a atenção de todos, dizendo: "Mas agora recomendo-lhes que tenham coragem, pois nenhum de vocês perderá a vida; apenas o navio será destruído. Pois ontem à noite apareceu-me um anjo do Deus a quem pertenço e a quem adoro, dizendo-me: 'Paulo, não tenha medo. É preciso que você compareça perante César; Deus, por sua graça, deu-lhe a vida de todos os que estão navegando com você'. Assim, tenham ânimo, senhores! Creio em Deus que acontecerá do modo como me foi dito" (Atos 27.22-25).

Encarando a morte certa, Paulo recebeu uma promessa de Deus. O anjo a trouxe, dizendo que não somente ele sobreviveria, mas também todos os que estavam a bordo do navio. Eu posso imaginar que Paulo vinha pedindo exatamente isso em oração a Deus durante dias. Sem dúvida ele tinha guerreado em intercessão, clamando pela vida de seus companheiros e de todos os outros que estavam no navio. Mas o cenário tinha mudado: Paulo recebera a palavra de Deus, um compromisso do Senhor, uma promessa de salvá-los.

Esse apóstolo também era especial porque quando Deus falava, ele levava a sério, confiando que aconteceria exatamente do jeito que lhe fora revelado. Ele até declarou isso, quando disse: "Creio em Deus que acontecerá do modo como me foi dito".

Esse foi um dos maiores segredos da vida e ministério de Paulo. Primeiro, ele buscou receber a promessa do alto. Em seguida, quando Deus prometia, ele agia de acordo, pela fé. E o milagre então acontecia; a mão de Deus movia em seu favor apenas após essa atitude.

E é exatamente isso que Deus está querendo que fique claro para você hoje. A Palavra é cheia de promessas para a sua vida, mas para que se cumpram é preciso que você acredite nelas, tome posse e aja de acordo com sua confiança no Senhor.

Deus tem coisas tremendas a realizar em sua vida, negócios, família e ministério. Ele quer levá-lo a um novo patamar de vitórias, vendo a sua mão agindo poderosamente em seu favor. Mas depende de você entender o incrível segredo contido nesse livro e, em seguida, praticá-lo em sua vida cotidiana. Eu garanto que se você fizer isso sua vida nunca mais será a mesma. Você verá Deus elevá-lo a um novo patamar de conquistas e bênçãos.

Deus quer fazer coisas novas e tremendas em seu favor. Depende de você entender esse incrível ensinamento bíblico. Deus quer fazer muito mais na sua vida do que você jamais experimentou até hoje!

A riqueza das promessas

Por Gary Haynes

Quando comecei a entender a incrível importância e a influência que as promessas do Senhor têm sobre as nossas vidas, senti necessidade de estudar mais sobre o assunto. O que descobri foi bombástico! A compreensão apropriada do tema promessas de Deus é simplesmente um dos pontos mais cruciais e fundamentais para qualquer pessoa viver uma vida bem sucedida com o Senhor.

Eu encorajo você a ler as próximas páginas e deixar seu espírito absorver tudo que a Bíblia diz sobre promessas. Garanto a você que o conteúdo é empolgante!

Ao iniciar minha pesquisa, descobri que a palavra *promessa* foi usada dezenas de vezes, e quase sempre fazendo referência a promessas *de Deus* para as nossas vidas!

A riqueza desse assunto na Palavra de Deus simplesmente me surpreendeu. Entendi melhor alguns aspectos do nosso relacionamento com o nosso Senhor Deus no decorrer dessa análise. Acompanhe comigo algumas das coisas que descobri sobre as promessas da Bíblia.

Credenciais de Deus

Deus tem a credibilidade que nenhum homem tem. Diferentemente de muitos seres humanos, Deus JAMAIS mente, e JAMAIS deixa de cumprir tudo o que promete!

Se Deus falou, você pode contar com isso. Ele nunca nos desaponta, nunca falha.

> "Deus não é homem para que minta, nem filho do homem para que se arrependa. Acaso ele fala, e deixa de agir? Acaso promete, e deixa de cumprir?" (Números 23.19).

Nada escapa quando Deus promete; Ele nunca falha nem deixa de cumprir

Antes de morrer, Josué exortou o povo de Israel. Sabemos que as palavras finais de alguém à beira da morte têm um peso todo especial. Ainda mais na cultura dos tempos bíblicos. As últimas palavras de um líder revelavam seus valores, e era uma espécie de testamento de fé e vida.

Acho fascinante o fato de que uma das últimas palavras pronunciadas por Josué em vida tenha sido sobre a confiabilidade das promessas do Senhor, a verdade de que Deus cumpre TUDO o que promete.

Veja o que Josué disse:

> "Agora estou prestes a ir pelo caminho de toda a terra. Vocês sabem, lá no fundo do coração e da alma, que nenhuma das boas promessas que o Senhor, o seu Deus, lhes fez deixou de cumprir-se. Todas se cumpriram; nenhuma delas falhou" (Josué 23.14).

Você deve cobrar de Deus o cumprimento daquilo que Ele prometeu

A Palavra de Deus diz que Davi era um homem que agradou ao Senhor. E uma de suas características era a ousadia e liberdade em falar com Deus. Davi tinha temor do Senhor e um respeito profundo, mas ao mesmo tempo sabia que tinha direitos, dados a ele pelo Senhor através de suas promessas. E Davi cobrava do Senhor esses seus direitos. Repare como ele falou com o Senhor em oração:

> "Agora, SENHOR Deus, confirma para sempre a promessa que fizeste a respeito de teu servo e de tua descendência. Faze conforme prometeste, para que o teu nome seja engrandecido para sempre, e os homens digam: 'O SENHOR dos Exércitos é o Deus de Israel!'" (2Samuel 7.25-26).

Toda promessa de Deus é condicional às nossas atitudes e atos

Veja que Deus falou a Salomão fazendo uso da palavra *se*. Isso significa que para Ele cumprir a promessa havia condições a serem cumpridas. Para que se cumprisse o que Deus tinha prometido, Salomão tinha que: seguir os decretos de Deus; executar os juízos de Deus; e obedecer a todos os mandamentos dele. Somente a partir daí é que Deus iria cumprir a promessa.

Para você experimentar o cumprimento das promessas de Deus, existem atos e atitudes que dependem de você. Decida hoje agir de acordo com a Palavra de Deus e você verá o poder dele sendo manifesto em sua vida!

> "E a palavra do SENHOR veio a Salomão dizendo: 'Quanto a este templo que está construindo, se você seguir os meus decretos, executar os meus juízos e obedecer a todos os meus mandamentos, cumprirei por meio de você a promessa que fiz ao meu pai Davi'" (1Reis 6.11-12).

Deus cumpre suas promessas por ser justo

A natureza de Deus é justa em sua essência. Deus é justo porque faz parte de quem Ele é ser justo. E você pode confiar que Ele irá cumprir o que promete por essa razão, por ser justo. Seria injusto se Ele prometesse algo e depois não cumprisse. E é por isso que Deus sempre cumpre, para ser sempre *justo*.

Essa verdade traz confiança e paz ao nosso relacionamento com o Senhor. Sei quem é o meu Deus e, por isso, sei o que Ele irá fazer! Ele é fiel e justo e jamais deixará de fazer tudo quanto disse que faria. A palavra do Senhor é firme!

"Viste que o coração dele era fiel, e fizestes com ele uma aliança, prometendo dar aos seus descendentes a terra dos cananeus, dos hititas, dos amorreus, dos ferezeus, dos jebuseus e dos girgaseus. E cumpriste a tua promessa porque tu és justo" (Neemias 9.8).

Deus se lembra de tudo o que promete

O ser humano, por mais correto que seja, às vezes se esquece do que combinou. Nós somos falhos nesse ponto. A beleza do nosso Senhor é que Ele nunca esquece aquilo que promete. Mesmo que aparentemente a resposta demore, Deus é fiel. Ele se lembra de tudo que tratou com você. Seja paciente e não perca a fé. Você verá Deus se lembrar, na hora certa, de tudo o que prometeu.

Abraão teve que esperar um longo tempo para ver a palavra do Senhor a seu respeito ser cumprida, quanto ao fato de ter um filho com Sara. Mas na hora certa a mão de Deus foi estendida, e Ele cumpriu o acordo feito. Lembre-se de ser paciente. Continue firme, crendo no Senhor. Ele jamais se esquecerá da sua Palavra!

"Pois ele se lembrou da santa promessa que fizera ao servo Abraão" (Salmo 105.42).

É obrigatório acreditar na promessa

Quando não acreditamos na promessa do Senhor, isso levanta a sua ira. Somente podemos agradar a Deus pela fé, e pensar que receberemos do Senhor quando resmungamos o tempo todo, reclamamos e declaramos nossa falta de fé, é um equívoco tremendo.

Temos de crer na promessa do Senhor, para que Ele libere suas bênçãos sobre as nossas vidas. Creia hoje na promessa do Senhor e você verá o favor dele liberado.

"Também rejeitaram a terra desejável; não creram na promessa dele" (Salmo 106.24).

Alegria por antecipação na promessa do Senhor

Quem entende o incrível valor de ter uma promessa de Deus aplicada em sua vida, tem uma alegria profunda. É como se alguém tivesse depositado uma grande soma na sua conta, só faltando você ir ao banco sacar o dinheiro. É a alegria de antecipar algo maravilhoso que está vindo. É um sentimento poderoso saber que Deus está preste a cumprir uma promessa.

"Eu mim regozijo na tua promessa como alguém que encontra grandes despojos" (Salmo 119.162).

Nós também temos direito à promessa de Deus

A incrível beleza do assunto promessa é que o cumprimento não é apenas para alguns poucos heróis da fé. É realidade também para você, seus filhos, pessoas de longe, enfim, para todos quantos o Senhor nosso Deus chamou para serem seus escolhidos e aceitaram o Senhor Jesus no coração. A partir da salvação e fé em Cristo Jesus você tem o direito, dado por Deus, de receber as promessas de bênção e vida.

> "Pois a promessa é para vocês, para os seus filhos e para todos os que estão longe, para todos quanto o Senhor, o nosso Deus, chamar" (Atos 2.39).

A fé em Cristo Jesus é que faz você ser um herdeiro da promessa

O grande segredo de experimentar toda a plenitude das bênçãos e favor divino é a fé! Quando você coloca sua fé em Deus, e crê em Jesus, passa a ser um herdeiro de tudo de bom que o Senhor quer fazer na sua vida. Você, pela fé, pode provar o poder de Deus agindo em seu favor, transformando circunstancias impossíveis em bênção. É tudo pela fé em Cristo!

> "Não foi mediante a lei que Abraão e a sua descendência receberam a promessa de que ele seria o herdeiro do mundo, mas mediante a justiça que vem da fé. Pois se os que vivem pela lei são herdeiros, a fé não tem valor, e a promessa é inútil, porque a lei produz a ira. E onde não há lei, não há transgressão. Portanto, a promessa vem pela fé, para que seja de acordo com a graça e seja assim garantida a toda a sua descendência de Abraão; não apenas aos que estão sob o regime da lei, mas também os que têm a fé que Abraão teve. Ele é o pai de todos nós" (Romanos 4.13,16).

> "Noutras Palavras, não são os filhos naturais que são filhos de Deus, mas os filhos da promessa é que são considerados descendência de Abraão" (Romanos 9.8).

> "Isso para que em Cristo Jesus a bênção de Abraão chegasse também aos gentios, para que recebêssemos a promessa do Espírito mediante a fé" (Gálatas 3.14).

> "E se vocês são de Cristo, são descendência de Abraão e herdeiros segundo a promessa" (Gálatas 3.29).

A hora de Deus é sempre perfeita

Quase todos nós somos muitíssimo apressados hoje em dia. E transportamos isso para nosso relacionamento com Deus. Mas essa pressa pode trazer frustração e derrota, pois quando as coisas não acontecem rapidamente, é fácil desistirmos de tudo. Assim, perdemos a promessa e a bênção de Deus.

Porém, Deus nunca chega tarde ou demora para cumprir sua promessa. A hora de Deus é sempre perfeita. Tenha paciência e saiba que Ele irá fazer tudo de acordo com sua Palavra, exatamente na hora certa!

> "O Senhor não demora em cumprir a sua promessa, como julgam alguns. Ao contrário, ele é paciente com vocês, não querendo que ninguém pereça, mas que todos cheguem ao arrependimento" (2Pedro 3.9).

A negligência pode roubar de você a promessa do Senhor
Nunca desista! Nunca recue! Negligência e descuido já afastaram muitas pessoas de serem o que Deus desejava que fossem, de verem acontecer as promessas da Palavra. Não seja negligente, não seja displicente. Batalhe diligentemente até o último momento, e você ainda verá Deus derramar bênçãos sobre a sua vida.

> "De modo que vocês não se tornem negligentes, mas imitem aqueles que, por meio da fé e da paciência, recebem a herança prometida" (Hebreus 6.12).

> "Vocês precisa perseverar, de modo que, quando tiverem feito a vontade de Deus, recebam o que ele prometeu" (Hebreus 10.36).

Medite na promessa de Deus
Meditar é um processo de ponderar sobre alguma coisa, com calma e foco. Meditar nas promessas de Deus significa parar o corre-corre, ficar quieto, no seu lugar secreto com Deus, e colocar o foco no que o Senhor tem falado. Isso fortalece a fé e é um passo fundamental para que Deus aja em seu favor.

> "Fico acordo na vigília da noite, para meditar nas tuas promessas" (Salmo 119.148).

A promessa traz santidade
Um dos grandes propósitos de sermos herdeiros de Deus, de termos a promessa de vida eterna, é que isso proporcione santidade às nossas vidas. Saber que tenho a promessa de viver para sempre com Deus me impulsiona a investir em viver uma vida de santidade hoje. E sabemos que a santidade é fundamental para vermos o Senhor.

Que as promessas de Deus hoje nos estimulem hoje a vivermos cada dia mais santos para o Senhor.

> "Amados, visto que tem essas promessas, purifiquemo-nos de tudo o que contamina o corpo e o Espírito, aperfeiçoando a sua santidade no temor de Deus" (2Coríntios 7.1).

Um tesouro igual a nenhum outro
As promessas de Deus são grandiosas e preciosas! São de um valor inestimável. Não existe nada igual! Nada chega nem perto. Por meio delas, nós participamos da natureza divina! Temos vida eterna. Temos a promessa de experimentar a bênção e a graça de Deus, independentemente das circunstâncias, a cada dia das nossas vidas.

> "Dessa maneira, ele nos deu as suas grandiosas e preciosas promessas, para que por ela vocês se tornassem participantes da natureza divina e fugissem da corrupção que há no mundo, causada pela cobiça" (2Pedro 1.4).

Instruções práticas

- A seguir, você encontrará quase uma centena de páginas contendo uma promessa da Bíblia na parte superior de cada página. Logo abaixo, está o tópico *Lição de fé para a minha vida* e, por último, *Declarando a promessa.*

- Recomendo que você leia pausadamente a passagem bíblica que contém a promessa, meditando na Palavra do Senhor.

- Em seguida, leia em silêncio a *Lição de fé para a minha vida*, e permita que a explicação da promessa em pauta lhe traga mais entendimento e clareza.

- Por fim, leia em voz alta o tópico *Declarando a promessa.* É de extrema importância que você declare a promessa de Deus, tomando possa dela para a sua vida, família, negócios, carreira e ministério. Com isso, você estará declarando a sua fé em Deus, que promete cumprir as suas promessas quando cremos nele.

Gênesis 8.22

"Enquanto a terra durar, não deixará de haver sementeira e ceifa, frio e calor, verão e inverno, dia e noite" (EC).

. . . .

Lição de fé para a minha vida

O dilúvio trouxe a devastação da vida sobre toda a face da terra. Apenas Noé, sua família e os animais preservados na grande arca sobreviveram. Movido por amor, Deus incentiva a Noé a se multiplicar e povoar novamente a terra. O pecado da raça humana atraiu o castigo de Deus sob a forma de dilúvio, mas a conduta e fidelidade de Noé atraíram a misericórdia para dar continuidade à vida na terra. Ela seria repovoada pelos descendentes de Noé e debaixo de sua bênção. A terra, terrivelmente castigada pelas inundações, experimentaria agora um tempo de equilíbrio, pois para o sucesso do homem, os tempos e as estações estariam trabalhando harmoniosamente. Às vezes você olha para a tempestade que passou e só vê devastação, mas Deus está preparando novos tempos e estações apropriadas para que Seu trabalho venha a florescer e sua vida seja bênção para outras vidas. Certamente o recomeço é sempre difícil, seja em que área for, mas a garantia da bênção de Deus traz tranquilidade e, se estiver submisso ao Senhor, pode-se ter a certeza de que tudo acontecerá segundo a Sua santa vontade. Não tenha nenhum receio em recomeçar; não tenha medo de sair da arca e enfrentar agora essa nova estação. Mas cuidado, porque você terá amanhã o que plantar hoje. Lembre-se, é Deus quem está preparando estações certas que florescerão na sua vida como fruto de Sua promessa.

Declarando a promessa

Eu sei que as tempestades virão e sei que muitas coisas edificadas poderão ruir, mas acredito nos desafios de Deus para a minha vida, em construir coisas melhores e também grandes. Não me deixarei desanimar, não posso pensar no que ficou para trás, Deus me chama a olhar para frente e atender ao Seu chamado. Eu sei que Ele já me prepara o dia de amanhã, que Sua mão trabalha sem cessar para o meu sucesso. Minha vida será para edificar multidões, levar luz às trevas e frutificar para Deus. Jamais terei medo de recomeçar, pois é Deus quem prepara o meu caminho!

Gênesis 12.1-2

"Ora, disse o SENHOR a Abrão: 'Sai da tua terra, da tua parentela e da casa de teu pai e vai para a terra que te mostrarei; de ti farei uma grande nação, e te abençoarei, e te engrandecerei o nome. Sê tu uma bênção!'" (ARC).

. . . .

Lição de fé para a minha vida

Deus chamou Abrão e lhe fez uma promessa maravilhosa: ser o progenitor de uma imensa nação sobre a terra. A obediência ao chamado de Deus exigia do patriarca certo esforço; sair da sua terra, deixar sua sociedade, amigos e parentes. Sua confiança na promessa de Deus o fez desistir de Ur, cidade importante da Caldeia, para habitar no deserto e caminhar até o lugar da promessa de Deus. Hoje o nome de Abraão figura entre os personagens bíblicos como Homem de fé. É patriarca da nação de Israel e dos árabes; ninguém pode negar que a promessa fora estabelecida em sua vida, pois ele creu e obedeceu à voz de Deus. O chamado de Deus sempre exige algum esforço, renúncia e obediência. Nem sempre o caminho apontado por Deus tem um panorama claro; às vezes é simplesmente a figura de um deserto. Somente aquele que crer caminhará com segurança, pois requer confiança em Sua provisão e sustento. Quando ouvir a voz de Deus não tenha medo em obedecer, embora o caminho apontado seja um deserto, confie que a mão Dele o susterá. Deixar o conforto e a vida estabilizada em Ur talvez não tenha sido fácil, mas em Ur, Abrão era um homem comum; no deserto se tornou amigo de Deus e o Pai de nações. Não receie em atender ao chamado de Deus, pois sobre você também está estabelecida uma promessa de bênção para as nações. Sê tu uma bênção!

Declarando a promessa

Declaro que estarei pronto a ouvir a voz de Deus, que meu coração estará firmado na obediência e meus pés não retrocederão. Servirei a Deus e estarei pronto a romper com o que for preciso para ver estabelecida Sua promessa em minha vida. Como Abrão, romperei pela fé e enfrentarei o difícil deserto, caminharei na luz de Deus e serei abençoado por onde passar. Eu sou filho da promessa em Abrão e minha geração será abençoada pelos frutos das promessas de Deus em minha vida!

Êxodo 23.25-27

"Servireis a Iahweh vosso Deus e então abençoarei o teu pão e a tua água e afastarei a doença do teu meio. Na tua terra não haverá mulher que aborte ou que seja estéril, e completarei o número dos teus dias" (BJ).

. . . .

Lição de fé para a minha vida

Servir a Deus é devotar a Ele culto e adoração em obediência às Suas leis. Qualquer ato de sacrifício ou culto sem obediência aos mandamentos era visto por Deus como algo abominável, portanto, não aceitável. A bênção de Deus era manifestada pela fidelidade do Seu povo; era a fidelidade às Suas leis que atraía Suas bênçãos para a vida da nação. O controle de Deus sobre a terra é absoluto, a bênção do pão e da água falam de duas coisas essenciais à vida humana e reflete o poder de Deus sobre a natureza que produz a chuva, que alimenta toda semeadura no campo e abastece os poços. O afastamento de doenças, a fertilidade das mulheres e a longevidade de dias, falam do Seu poder sobre a carne humana e a vida que tanto o homem preza. Logo, Deus é o que pode dar vida e garantir o seu sustento, seja em qualquer situação. Não deixe de servir a Deus da melhor forma que puder; a recompensa é sempre cheia de graça e misericórdia. Mas lembre-se que todo serviço só tem valor se andamos em obediência à Palavra de Deus. Que de todos os sacrifícios de serviço que você fizer para Deus, renunciar suas vontades para obedecê-Lo seja o maior deles. A recompensa, certamente, será grandiosa.

Declarando a promessa

Declaro que a obediência a Deus me fará prosperar em abundância. Minha colheita será sempre abençoada, a chuva nunca deixará de vir no tempo certo para regar minhas terras e fazer crescer as promessas que Deus tem plantado em meu coração. Meu corpo achará a paz e a satisfação na presença de Deus; a peste e a praga não se achegarão a mim e os frutos de minha semeadura serão duradouros e crescerão no poder de Deus. Em todo o tempo Deus suprirá minha vida onde eu estiver e Suas palavras me farão ter sucesso e receber Suas bênçãos por onde eu andar.

Êxodo 34.10

"'Faço com você uma aliança', disse o SENHOR. 'Diante de todo o seu povo farei maravilhas jamais realizadas na presença de nenhum outro povo do mundo. O povo no meio do qual você habita verá a obra maravilhosa que eu, o SENHOR, farei'" (NVI).

. . . .

Lição de fé para a minha vida

Nenhum povo ou nação experimentou o poder de Deus como a nação de Israel. Toda a manifestação de Deus que conhecemos dentro das Escrituras está ligada, direta ou indiretamente, a Israel. A aliança que o Senhor fez com Moisés era a garantia que Suas maravilhas feitas na caminhada da nação rumo à Terra Prometida trariam o sucesso para a sua missão, principalmente em relação aos muitos inimigos que deveriam ser expulsos para a ocupação da terra de Canaã. O Senhor é o Deus que cuida do Seu povo escolhido e nada pode impedi-lo de dar-lhe vitória. As nações veriam isso e tremeriam, mas Israel o serviria como único Deus, pois não poderia ser comparado aos falsos deuses das nações que habitavam àquela terra. No passado Deus fez uma aliança com Moisés que garantia a vitória para Israel; hoje Deus tem uma aliança com você feita através de Jesus Cristo. Debaixo dessa nova aliança somos chamados a conquistar o que por promessa já nos foi dado por Deus. É debaixo dessa aliança que Ele realiza maravilhas em sua vida, gerando conforto e confiança em seu coração, e através de você, revela Seu poder a todos que caminham à sua volta. O Senhor é quem obra maravilhas em sua vida para que os povos conheçam que você é escolhido por Ele para conquistar. Viva essa aliança!

Declarando a promessa

Eu sei que uma aliança poderosa, em Jesus, me prende a Deus. Sobre minha vida as manifestações de Deus acontecerão para atrair tantos quantos forem alcançados para o Seu reino. Sou uma promessa viva do meu Deus; não importa onde eu estiver, as bênçãos sempre me acompanharão, pois como Moisés, Deus tem me levantado para guiar multidões em Seus caminhos. Não terei qualquer receio, porque caminho debaixo da mesma promessa de Moisés e quem olhar para a minha vida verá as poderosas e maravilhosas obras de Deus.

Levítico 20.26

"Sereis para mim santos, porque eu, o SENHOR, sou santo, e vos separei dos povos, para serdes santos" (EC).

. . . .

Lição de fé para a minha vida

Andar com Deus e experimentar Seus cuidados paternais requer obediência às Suas leis. Escolher Israel foi uma opção de Deus, mas viver sob obediência para ser abençoado era opção da nação. Os costumes dos povos circunvizinhos da nação estavam distantes da vontade de Deus e o povo de Deus vivendo não tinha que se mudar, mas sim permanecer ali se mantendo puro, não se contaminando com os maus costumes, o que realmente era uma tarefa complicada para ser executada por Israel. Somente obedecendo com fervor as leis de Deus eles poderiam ser Sua verdadeira possessão. Seria muito fácil para Israel isolar-se, mas Deus queria provar o Seu povo na busca de uma vida de santidade com Ele. Amar você, também é uma opção do coração de Deus, mesmo antes de você conhecê-lo, ele já o amava. Assim como no passado, em volta de você, existem muitos caminhos que podem lhe afastar das bênçãos de Deus, porém não se deixe desanimar pelas fortes oposições. Deus lhe dará toda a força necessária para vencê-las, pois a vontade de Deus é estar caminhando todos os dias ao seu lado. Você tem um chamado para a santidade, isso significa ser "separado" para uma vida íntima com Deus. É nessa intimidade que conhecemos o coração de Deus e o caminho que nos conduz para a vitória.

Declarando a promessa

Fui alcançado pelo amor de Deus e não quero jamais me distanciar de Sua presença. Não viverei debaixo de nenhum costume que venha a me afastar dos propósitos de Deus. Os que vivem à minha volta não influenciarão minha conduta nem me afastarão dos padrões que Deus estabeleceu para a minha vida. Sou possessão particular do meu Deus e Suas bênçãos em mim farão aos que vivem à minha volta se achegar a Ele e conhecer o Seu amor. Esforçar-me-ei sempre para viver uma vida de santidade, assim como é santo o Deus que eu sirvo. Não desviarei os meus passos dos caminhos de Deus, pois sei que minha vida é uma fonte de bênçãos para atrair a Deus todos aqueles que vivem ao meu redor.

Levítico 26.3-6

"Se vocês seguirem os meus decretos e obedecerem aos meus mandamentos, e os colocarem em prática, eu lhes mandarei chuva na estação certa, a terra dará a sua colheita e as árvores do campo darão o seu fruto. A debulha prosseguirá até a colheita das uvas, e a colheita das uvas prosseguirá até a época da plantação, e vocês comerão até ficarem satisfeitos e viverão em segurança em sua terra. Estabelecerei paz na terra, e vocês se deitarão, e ninguém os amedrontará. Farei desaparecer da terra os animais selvagens, e a espada não passará pela sua terra" (NVI).

Lição de fé para a minha vida

A caminho da Terra Prometida, ainda no deserto, Deus começa a pedir obediência irrestrita às Suas leis. Estas que foram ensinadas e precisavam ser praticadas, não somente conhecidas. A prática das leis de Deus não traria só bênçãos para o indivíduo, mas implicava em bênçãos coletivas para toda a nação. As chuvas viriam no tempo certo, a terra seria fértil, as colheitas dariam em abundância e a terra teria paz e segurança. Ou seja, a obediência a Deus traria o bem, a produtividade e a prosperidade, para tudo o que se fizesse na terra. Da mesma forma acontecerá com você, se viver uma vida de obediência incondicional a Deus. Não permita que uma vida de desobediência roube a prosperidade que Deus tem prometido a você e àqueles que estão à sua volta. Lembre-se a obediência de um só homem pode atrair as mais promissoras bênçãos de Deus para sua vida e para a terra onde ele está.

Declarando a promessa

Tenho firme propósito de obedecer a Deus e atrair Suas bênçãos para tudo que estiver à minha volta e envolver minha vida. Não deixarei de praticar nenhum dos ensinamentos do meu Senhor; ainda que passe pelo frio do inverno, sei que a primavera chegará com as suas flores e as chuvas de verão me trarão colheita em abundância. O que plantar e fizer prosperarei e terei fartura no meu celeiro. A minha casa será abençoada, a paz e a proteção do Senhor guiarão os meus pés, o medo não se apoderará do meu coração e habitarei com segurança.

Números 11.23

"Respondeu o SENHOR a Moisés: 'Ter-se-ia encurtado o braço do SENHOR? Agora mesmo verás se a minha palavra se cumpre ou não'" (EC).

. . . .

Lição de fé para a minha vida

Moisés sempre fora um homem que confiava em Deus. Largou a vida de pastor no deserto e foi, em obediência à voz de Deus, à presença de Faraó para determinar a libertação de Israel. Ele viu o poder de Deus livrar seu povo e fazê-lo atravessar o mar Vermelho. Muitas outras batalhas de fé são erguidas no deserto e por um momento, diante da promessa de Deus que o povo seria alimentado com carne no próximo dia, Moisés pergunta: como? Ele tem em mente o grande número do povo, conta os rebanhos e chega a conclusão que isso seria impossível. Por um momento Moisés deixa de pensar na forma sobrenatural como Deus vinha agindo até ali e tenta racionalizar uma forma de ação de Deus, como se Deus precisasse de alguma coisa aparente para realizar um milagre. Deus prometera a Moisés uma carne, que iria dar para alimentar a multidão no deserto, não viria dos rebanhos que os pastores guardavam; antes, Ele fez soprar um vento no deserto que trouxe milhares de aves que pousaram sobre o arraial de Israel. Houve carne em abundância! Aprenda a ver as dificuldades sob a ótica de Deus e descobrirá que elas não existem. Não olhe para as dificuldades quando Deus apontar um caminho; apenas siga e veja um milagre acontecer.

Declarando a promessa

Não serei abatido pelas adversidades que venham cercar minha vida nem desanimarei perante as probabilidades contrárias. O meu Deus é poderoso para realizar muito mais do que sou capaz de imaginar e não me deixará sem resposta. Ainda que todas as possibilidades aos meus olhos me sejam desfavoráveis e à minha volta não haja saída, confiarei no Senhor e no poder de Sua Palavra. Ele me dará a solução, o escape e Sua Palavra se cumprirá. Minha segurança está no Senhor Deus que nunca falha. Nele esperarei e não temerei nenhuma palavra contrária, pois o que o Senhor tem dito, isso sim, se cumprirá.

Números 14.9

"Somente não sejam rebeldes contra o SENHOR. E não tenham medo do povo da terra, porque nós os devoraremos como se fossem pão. A proteção deles se foi, mas o SENHOR está conosco. Não tenham medo deles" (NVI).

Lição de fé para a minha vida

Para tomar posse da terra que Deus havia lhes prometido, a nação de Israel teria que expulsar alguns povos que ocupavam a terra. O sucesso dessa tarefa não era ter armas de guerra e sim obedecer ao Senhor Deus. Ele era o Senhor dos Exércitos de Israel e cabia à nação não temer diante dos seus inimigos. Somente a rebelião contra Deus poderia impor uma derrota a Israel; isso significa que desobedecer as suas leis era opor-se a Ele e não contar com sua proteção e ajuda. O Senhor iria guerrear e a vitória já estava garantida, mas o sucesso consistia em dois desafios: Obedecer às ordens de Deus e colocar a total confiança Nele em prática diante de inimigos poderosos. Quando isso era feito as mais poderosas muralhas eram derrubadas e o pior dos inimigos saía em retirada. Quantos inimigos em sua vida você achou imbatíveis e os viu serem derrotados pelo poder de Deus? Não se deixe abater pela aparência dos seus inimigos; eles se desfarão diante do Deus que lhe dá total proteção. Mas não se esqueça que há dois pilares para a manifestação de Deus ocorrer e lhe dar a vitória: obediência e confiança em suas promessas.

Declarando a promessa

Nunca irei me colocar em rebeldia contra as palavras do meu Deus. Meu coração está sujeito à obediência e não irei duvidar de Sua palavra. Suas promessas são reais para a minha vida, por isso não temerei ao homem que se me opuser, nem olharei para a sua arrogância. Toda palavra contra mim será destruída e oposição nenhuma me trará dano; o Senhor é quem vai à minha frente e desfará toda sorte de laços. Por isso não tenho medo; a dúvida não se chegará ao meu coração nem o maior dos inimigos me fará desistir, pois não há proteção igual a do Senhor; Ele me fará mais que vencedor!

Deuteronômio 10.17-18

"Pois o SENHOR, o seu Deus, é o Deus dos deuses e o Soberano dos soberanos, o grande Deus, poderoso e temível, que não age com parcialidade nem aceita suborno. Ele defende a causa do órfão e da viúva e ama o estrangeiro, dando-lhe alimento e roupa" (NVI).

. . . .

Lição de fé para a minha vida

Durante toda a jornada, do Egito até a entrada de Canaã, Deus tem identificado Israel como Seu povo particular. Nação com a qual Ele fez aliança, além de dar proteção e conduzir com segurança para a conquista de Canaã. Dentro da nação existiam obrigações e deveres, um sacerdócio fora levantado, um líder chamado Moisés estava à frente, mas o maior privilégio de um israelita era ser de Deus. Portanto, a obediência e suas implicações eram para todos. Diante dos homens você pode ser avaliado pela aparência ou pelos bens que tem, mas aos olhos de Deus, o que lhe traz a bênção é a certeza de um coração obediente à Sua Palavra. Eis uma certeza que você pode ter: Deus não julga pela aparência, mas olha cuidadosamente a intenção do seu coração. A promessa de Deus é de justiça perfeita quando somos injustiçados ou maltratados. Ele vem ao nosso socorro para nos fazer sobressair ante aos inimigos. Sua justiça não pode ser comprada, mas é manifestada para aqueles que o temem de forma fiel e segura. Confie na justiça de Deus e não se deixe levar pelas artimanhas humanas que burlam as leis para a realização dos seus desejos. As bênçãos de Deus o alcançarão pela fidelidade de sua vida.

Declarando a promessa

A minha vida será dirigida pela Palavra de Deus e meu caráter será forjado em Suas leis. Quando em apuros estiver, Ele me socorrerá e me salvará. Deus olhará para o meu coração e o achará puro; a minha causa Ele julgará com firmeza, pois meu auxílio e minha confiança estão Nele. Meus olhos serão como os olhos de Deus; não os fecharei ante as necessidades dos mais fracos nem os desviarei dos necessitados. Sei que sou peregrino neste mundo e o Senhor tem cuidado de mim, até que enfim, eu seja por Ele recebido na Terra da Promessa, nas mansões celestes que Ele tem preparado para os servos fiéis.

Deuteronômio 11.8-9

"Observareis, portanto, todos os mandamentos que eu vos ordeno hoje, para vos fortalecerdes, entrardes e tomardes posse da terra para a qual passais, a fim de possuí-la, e para que prolongueis os vossos dias sobre a terra que Iahweh, sob juramento, prometeu dar a vossos pais e à sua descendência: uma terra que mana leite e mel!" (BJ).

Lição de fé para a minha vida

Após muita peregrinação no deserto é chegada a hora de atravessar o Jordão e conquistar a terra de Canaã. As campanhas de batalhas de Israel eram ditadas por Deus; toda estratégia e armas tinham em Deus o Seu poder. Mas toda ação de Deus estava ligada a obediência de Israel às Suas leis. Os mandamentos fortaleciam a nação à medida que eram observados, cridos e praticados como regra única para a vida religiosa e social do Seu povo. O afastamento da presença de Deus era o anúncio certo de uma queda da nação. A terra como possessão deleitosa, que mana leite e mel, só seria abençoada se a nação permanecesse fiel a Deus, pois a bênção não estava na terra, mas no Deus que a fazia frutificar em paz. Aprendemos na história de Israel e suas conquistas que o poder de Deus é a verdadeira força que nos faz vencer os mais severos inimigos. E a maneira de atrair esse poder é manter comunhão com Deus pela obediência à Sua lei. Tanto no deserto quanto na terra que mana leite e mel, Deus é o que produz o sustento, é a presença Dele que faz a diferença, por isso onde você estiver, sua fidelidade a Deus deve existir.

Declarando a promessa

Declaro que a prosperidade estará onde eu estiver, não importa o lugar, quem me trará a vitória é a presença de Deus ao meu lado. Portanto guardarei Suas leis e não as deixarei; minha fidelidade a Deus me levará a possuir o melhor da terra onde habitar. Irei me fortalecer observando os mandamentos de Deus; eles confortarão e darão direção para o meu coração. O que Deus tem reservado para mim como promessa tomarei posse e prosperarei na terra. Minha descendência terá um legado de vitória e fé para perpetuar o nome do meu Deus sobre minha casa.

Josué 1.3,5

"Como prometi a Moisés, todo lugar onde puserem os pés eu darei a vocês. Ninguém conseguirá resistir a você todos os dias da sua vida. Assim como estive com Moisés, estarei com você; nunca o deixarei, nem o abandonarei" (NVI).

Lição de fé para a minha vida

Com a morte de Moisés, o seu servo, Josué, é designado por Deus para liderar a nação de Israel nas guerras que haveriam de acontecer para a conquista da Terra da Promessa. Josué viu bem de perto o poder de Deus manifestado na liderança de Moisés e agora ele experimentaria esse poder em sua própria vida como líder de um povo muito numeroso. É claro que substituir Moisés traria temor a qualquer homem de Israel, mas é o chamado acompanhado da promessa de ter a companhia de Deus ininterruptamente que irá garantir todo o sucesso. Embora fosse necessária a coragem de Josué, para enfrentar a árdua tarefa, Deus deixa claro que a vitória seria dada pelo Seu poder; a força de Josué estava na companhia do poderoso Senhor dos Exércitos de Israel. Às vezes chegamos a pensar que algumas pessoas são insubstituíveis e que algumas tarefas para as quais somos chamados nos trazem temor ao coração, mas nada disso não significa que fracassaremos. O que fará diferença é a companhia de Deus; tem-se a Sua promessa de que sempre estará conosco sem nunca nos abandonar, então poderemos caminhar com segurança e sem temor, pois as conquistas acontecerão. Nunca se ache incapaz de realizar uma tarefa para a qual você foi chamado por Deus!

Declarando a promessa

Estarei firme diante do chamado de Deus para realizar Sua vontade. Minha capacitação vem de Deus e Sua bênção sobre mim me fará superar qualquer obstáculo e ser um vencedor. As promessas de Deus não são apagadas pelo tempo nem morrem com o homem, mas permanecem para serem cumpridas. Portanto, minha vida será conduzida por Deus para cumprir a Sua Palavra.. Não me importam as guerras que terei que enfrentar ou oposições que tentarem me conter; o amparo e a proteção do meu Deus me fará em tudo um vencedor. Aquieto o meu coração na certeza de que o Senhor está comigo; nunca me deixará e jamais irá me abandonar!

Josué 1.8-9

"Não se aparte da tua boca o livro desta lei, antes, medita nele dia e noite, para que tenhas cuidado de fazer conforme tudo quanto nele está escrito; porque então farás prosperar o teu caminho, e então prudentemente te conduzirás. Não to mandei eu? Esforça-te e tem bom ânimo; não pasmes, nem te espantes; porque o SENHOR, teu Deus, é contigo, por onde quer que andares" (ARC).

. . . .

Lição de fé para a minha vida

Deus está instruindo Josué como proceder para obter sucesso na conquista da terra de Canaã. Essas instruções não são difíceis de serem observadas e nem desconhecidas pelo novo líder de Israel. A exigência de Deus era obediência à Sua lei e um coração corajoso para enfrentar o que estava por vir. A prosperidade de Josué baseava-se nestas duas coisas: não hesitar na obediência e ter coragem. A obediência o colocava no centro da vontade de Deus e atrairia bênçãos, a coragem o faria avançar sem receio para o mais terrível inimigo e experimentar o livramento divino. Em sua caminhada rumo às conquistas quantas vezes você, mesmo acreditando em Deus, cedeu diante do inimigo mais forte? Não tenha nenhum temor no coração diante das adversidades, por mais fortes que pareçam, pois é Deus quem lhe dá vitória. Vê-se na obediência de Josué que era impossível ter sucesso sem a presença de Deus e, na sua coragem, Deus lhe dizer que não agiria por meio de um medroso. Seu coração precisa de fé e muita coragem para conquistar as bênçãos que Deus tem separado para você.

Declarando a promessa

Ao ouvir a voz de Deus não hesitarei em obedecer à Sua Palavra. Todos os dias a guardarei em meu coração, para não errar meus passos e alcançar as Suas bênçãos. Sobre minha vida existe um chamado de prosperidade e conquistas pela obediência a Deus. Não me afastarei do caminho da recompensa de Deus, mesmo que fortes inimigos se oponham, cairão todos como a palha queimada e serão desbaratados. Minha coragem vem de Deus e é Ele quem me dá confiança para prosseguir e conquistar. Ainda que minha promessa esteja em lugares difíceis, Deus me dará direção e minha coragem não me deixará desistir, pois sei que Deus é minha companhia por onde eu andar.

Juízes 4.14-15

"Então Débora disse a Baraque: 'Vá agora porque é hoje que o Deus Eterno lhe dará a vitória sobre Sísera. O Eterno está com você!' Então Baraque desceu do monte Tabor com os seus dez mil homens. Quando Baraque apareceu com o seu exército, o Eterno fez que houvesse uma grande confusão no meio dos soldados e dos carros de Sísera. Aí Sísera desceu do seu carro e fugiu a pé. Mas Baraque perseguiu os carros e o exército até Harosete-Hagojim. Todo o exército de Sísera foi destruído; ninguém escapou" (BLH).

Lição de fé para a minha vida

Sísera era o comandante do exército de Jabim. Por muitos anos eles estavam subjugando a Israel. Guerrear contra ele era algo impossível, pois além de ter um grande exército, Sísera, tinha 900 carros de ferro. Através de Débora, Deus promete a Baraque a vitória. Ele não precisaria de armas sofisticadas da época e nem de um grande exército, somente com seus dez mil homens derrotaria o exército inimigo e libertaria o seu povo. Baraque precisava apenas confiar e obedecer à ordem de Deus de enfrentar o inimigo. Muitas promessas de Deus para nossa vida esbarram em obstáculos que julgamos erroneamente serem insuperáveis. Mas quando a ordem vem de Deus não tememos, pois o segredo da vitória é sempre crer no Deus do impossível. Portanto, nunca desista da promessa de Deus por causa de opositores que parecem, apenas parecem, invencíveis. Quando Deus estender Suas mãos você verá que tudo é frágil diante do Seu poder. Saiba que antes de sair para uma batalha ordenada por Deus, a vitória já lhe foi garantida.

Declarando a promessa

Quando o inimigo me afrontar não vou me abater por causa de sua força, nem me deixarei intimidar por ele. Orarei ao Senhor que providenciará a minha libertação, pois, Deus me fará mais forte que qualquer adversário. Não é na minha força que conquisto as promessas de Deus, meu esforço é acreditar Nele, confiar em Sua promessa, e Seu poder me fará vencedor. Declaro minha vitória, a conquista das promessas de Deus sobre mim. Declaro o fracasso de toda oposição na terra ou nos lugares celestiais, pois o Deus Eterno já me garantiu vitória pelo poder do Seu nome.

Rute 4.11-12

"Todo o povo que estava na porta e os anciãos disseram: 'Somos testemunhas; o SENHOR faça a esta mulher, que entra na tua casa, como a Raquel e como a Lia, que ambas edificaram a casa de Israel; e tu, Boaz, há-te valorosamente em Efrata e faze-te nome afamado em Belém. Seja a tua casa como a casa de Perez, que Tamar teve de Judá, pela prole que o SENHOR te der desta jovem'" (ARA).

Lição de fé para a minha vida

Rute era uma mulher destemida e ousada. Mesmo estando viúva e em tempos difíceis ficou ao lado de sua sogra Noemi. A vida que tiveram longe de Belém, nas terras de Moabe, fora desastrosa para ambas. Mais tarde Noemi volta a Belém para recomeçar a vida, e com ela sua nora Rute. Sem marido e nenhum descendente elas precisavam ser resgatadas. O resgate consistia em dar descendente àquele que não deixou herdeiro do seu nome. Boaz sendo um parente de posses e um homem de bem, toma Rute por esposa para suscitar descendentes. A bênção dos líderes da cidade caiu em forma de promessa na vida de Boaz e Rute. Sua prole seria honrada em Israel e marcaria a história do seu povo. Desse casamento nasce Obede, o avô de Davi, que se tornaria o maior dos reis de Israel. Em toda a história vemos a direção de Deus naquele que confia Nele. De uma moabita, viúva e pobre, Deus suscita uma das maiores lideranças mencionadas na Bíblia, Davi. Portanto, não tenha por perdida qualquer situação se você acredita nas promessas de Deus. Creia que seu resgate já foi feito, pois em Jesus você é herdeiro das bênçãos de Deus. Viva pela fé!

Declarando a promessa

Eu sei que Deus tem preparado um caminho de vitória para mim. Não me deixarei vencer pelos obstáculos que encontrarei, pois sei que a cada passo o Senhor me conduzirá para a realização dos Seus propósitos em minha vida. Deus já me garantiu a vida eterna pelo sacrifício de Jesus, e nada pode ser mais precioso do que isto. Ainda que no momento meu caminho se torne complicado e não haja aos olhos humanos nenhuma possibilidade de vitória, olharei pelos olhos da fé e encontrarei nas provisões de Deus o caminho do sucesso.

1Samuel 2.8

"Levanta do pó o necessitado e do monte de cinzas ergue o pobre; ele os faz sentar-se com príncipes e lhes dá lugar de honra. Pois os alicerces da terra são do SENHOR; sobre eles estabeleceu o mundo" (NVI).

Lição de fé para a minha vida

Ana viveu infeliz por algum tempo em seu casamento; seu marido a amava muito, mas o fato de não poder gerar filhos a tornava uma mulher triste, tomada de um sentimento de inferioridade em relação às outras mulheres. Certa vez, quando foram a Siló, ela estava suplicando a Deus de tal modo que o sacerdote Eli chegou a pensar que ela estava bêbada. Quando então as súplicas de Ana foram ouvidas por Deus, todos os sentimentos ruins que tomavam conta de sua vida se dispersaram dando lugar a alegria de gerar um filho, um menino que nasceria para ser um dos grandes personagens que constam da Bíblia Sagrada, o qual ela colocou o nome de Samuel. Diante da grande alegria pelo nascimento do menino, Ana pôde louvar a Deus, reconhecendo que Ele mudou a sua história e deu-lhe um lugar de honra. Deus a tirou de "um monte de cinzas de tristezas e humilhações para colocá-la com príncipes". Na vida de Ana, ou mesmo na sua vida, os dias de tristezas sempre irão existir, mas não deixe que esses dias roubem os sonhos que poderão mudar a sua história. Em todo tempo Deus sempre está no controle, suas orações não serão em vão e, num piscar de olhos, quando você menos esperar, Deus sacudirá o pó de suas vestes e lhe colocará em um lugar de honra.

Declarando a promessa

Quando eu for surpreendido pelos dias de tristeza não deixarei de acreditar que Deus pode mudar a minha história. Sei que o Senhor não me deixará prostrado; pó e cinzas são estágios passageiros em minha vida, que me ajudarão a ver o milagre de Deus sobre mim. Nesses dias buscarei a face do meu Deus, não me encurvarei à derrota nem me sentirei fracassado, pois sei que um lugar de honra já está preparado para mim. Hoje, eu declaro que cada lágrima derramada o meu Deus irá recolher e a transformará em rios de bênçãos sobre minha vida.

1Samuel 12.22

"Pois o SENHOR não desamparará o seu povo, por causa do seu grande nome; porque aprouve ao SENHOR fazer-vos o seu povo" (ARC).

. . . .

Lição de fé para a minha vida

Israel fez questão de ter um rei como as outras nações tinham. Samuel, que até então guiava e julgava a causa do povo, estava se despedindo do ofício que tão fielmente vinha desenvolvendo. Suas palavras falam do grande amor de Deus pela nação que Ele escolhera para amar e se manifestar como o Deus Todo-poderoso. Por mais que a nação estivesse rejeitando a Sua direção e escolhendo um rei, Ele estaria sempre cuidando e abençoando o Seu povo. Mesmo no caso de pecarem, Ele os abençoaria mediante o arrependimento. Que Deus maravilhoso é o nosso Deus! Um Deus poderoso e rico em perdoar, que tem prazer em cuidar de Seus filhos e não nunca os desampara. Mesmo quando erramos Deus está sempre pronto a nos ajudar e proteger, não deixa de nos amar e aguarda pacientemente pelo nosso arrependimento, nos acolhendo em Seus braços de amor. O Senhor nos escolheu para sermos o Seu povo, o povo santo, pelo qual Ele trabalha sem cessar e incansavelmente; portanto nunca se esqueça que onde você estiver está também um Deus que ama você, que cuida de você, e que jamais lhe deixa só!

Declarando a promessa

O meu Deus jamais me desamparará! Estou seguro e confiante por onde quer que eu ande, pois sei que Deus está guardando a minha vida. Ainda que eu não mereça, Ele me fará o bem; e o Seu nome Ele tem colocado sobre a minha vida. Deus me escolheu para ser Seu filho amado e nada poderá mudar o Seu amor por mim. Quando eu errar não serei abandonado, esquecido ou maltratado, pois Deus virá em meu socorro, e eu, reconhecido, inclinarei o meu coração arrependido para receber o Seu perdão. A minha confiança está na promessa da restauração do Senhor, ainda que muitas vezes eu venha a cair, o meu Deus me erguerá e como um amigo fiel, Ele nunca irá me abandonar. Eu pertenço ao Senhor. Eu sou um do Seu povo, o povo santo!

2Samuel 22.26-29

"Com o fiel, tu és fiel; com o íntegro, tu és íntegro; puro com quem é puro; mas com o perverso te mostras astuto. Pois tu salvas o povo pobre, e rebaixas os olhos altivos. Javé, tu és a minha lâmpada! Meu Deus, ilumina minhas trevas!" (EP).

Lição de fé para a minha vida

Este cântico de Davi exalta a fidelidade de Deus que não sofre mutação pelas circunstâncias e nem influência de pessoas. Ele mostra que o homem acha na fidelidade de Deus aquilo que semeou em sua vida. O homem fiel encontra em Deus fidelidade, o homem íntegro encontra integridade, o puro encontra pureza, mas o perverso não consegue enganá-lo. Essa é a consciência do homem que conhece a Deus, que sabe a importância de manter com Ele uma relação de obediência e fidelidade; pois na hora de caminhar na escuridão, Ele se manifesta para aqueles que confiam Nele como luz poderosa para dissipá-la. O que temos semeado em nossa vida? O que Deus pode achar em nós para manifestar Sua fidelidade? Vale a pena ser íntegro num mundo sem integridade e buscar a pureza quando estamos mergulhados na impureza. Como também renunciar nossos desejos humanos para permanecermos fiéis a Deus, pois todo homem enfrenta trevas um dia, todo caminho encontra um vale sombrio e, nessa hora, só a companhia de Deus pode dar segurança. Não há fidelidade sem custo, mas vale a pena permanecer fiel a Deus!

Declarando a promessa

Deus é quem ilumina meus caminhos, não permitirá que eu tropece nem me deixará sem visão na escuridão. Ele me socorrerá quando eu tiver que passar por um vale sombrio, e não me deixará confundido. Todas as tempestades que vierem sobre mim não poderão deter-me, a fidelidade do Senhor me acompanhará e me fará vencedor a cada passo que eu der. Meus olhos estarão sempre no Senhor, Suas promessas me alcançarão onde eu estiver; a altivez e a soberba não se achegarão ao meu coração. Deus é minha maior porção, meu grande tesouro, Ele abaterá o coração perverso e me conduzirá em segurança, em plena luz nos dias de escuridão. A luz de Deus não se afastará da minha vida, mesmo se à minha volta as trevas tentarem me prender, a presença do meu Deus me trará a luz da vitória!

2Samuel 22.33-37

"Deus é a minha fortaleza e a minha força, e ele perfeitamente desembaraça o meu caminho. Faz ele os meus pés como os das cervas, e me põe sobre as minhas alturas. Instrui as minhas mãos para a peleja, de maneira que um arco de cobre se quebra pelos meus braços" (ARC).

Lição de fé para a minha vida

No fim de sua vida o rei Davi tem muitas histórias para contar. Desde que fora escolhido rei de Israel, sucessivas guerras foram enfrentadas, seu domínio fora ampliado e seu reino teve paz. Olhando para tudo que Deus fizera em sua vida, ele reconhece que o Senhor continuamente guiava seus passos. Sua confiança permanecia inabalável no seu Deus. A sua convicção de derrota dos seus inimigos pelo poder de Deus e o fortalecimento dos seus braços a ponto de quebrar um arco de cobre, soa aos nossos ouvidos como uma grande promessa do cuidado de Deus nas lutas que enfrentamos em nossa vida. Tal é a confiança que necessitamos quando estivermos diante de situações embaraçosas – Deus desembaraçará nosso caminho. Não importa o tipo de embaraço, seja uma porta fechada, enfermidade ou oposição dentro de casa. Deus está pronto a nos ajudar e fortalecer-nos os braços para destruirmos as armas do inimigo. Não ceda nem perca a esperança diante das dificuldades, confie que Deus está guiando os seus passos e caminhe na direção da sua vitória. Amplie seus domínios sem medo, fortaleça sua vida, sua casa, seu negócio, e tenha plena convicção que Deus sustentará seus braços para anular as armas inimigas.

Declarando a promessa

Sobre minha vida está a promessa de Deus de clarear meu caminho e me sustentar na conquista dos meus objetivos. Mesmo que uma negra nuvem paire sobre mim, tentando impedir minha visão ou que um inimigo se levante para me deter, não temerei, nenhuma afronta me impedirá de conquistar minha vitória. Tenho a promessa de Deus que serei escondido nas alturas, onde nada me amedrontará; correrei de maneira veloz e nada me alcançará. É Deus quem prepara meus braços para lutar; na força do meu Senhor fortalecerei minha casa e ampliarei meu território. A prosperidade e a segurança me seguirão, pois caminho debaixo do poder de Deus que me garante sucesso nas minhas batalhas. Na força de Deus os meus braços alcançarão a vitória!

1Reis 3.13-14

"Eu lhe darei também o que você não pediu: riqueza e fama, de modo que não haverá nenhum rei que se iguale a você, durante toda a sua vida. E se você andar nos meus caminhos, observando meus estatutos e mandamentos, como fez o seu pai Davi, eu lhe darei vida longa" (EP).

. . . .

Lição de fé para a minha vida

Diante da tarefa tão difícil e nobre de guiar a nação de Israel como seu novo rei, Salomão ganha de Deus uma sabedoria inigualável para reinar. Como o coração do rei se inclinou a pedir sabedoria para conduzir o povo, ao invés de pedir para si riquezas e bens, Deus, junto com a sabedoria lhe promete acrescentar riqueza e fama ao seu reinado. Outra promessa surge quando Deus lhe garante longevidade caso ele se mantenha fiel aos Seus mandamentos. Salomão foi o rei mais sábio e de maior fama e riqueza que Israel teve, porém a promessa de longa vida não alcançou, porque seu coração não obedeceu aos mandamentos do Senhor. O sábio rei nos deixa preciosas lições de vida, quando buscou sabedoria visando ser um bom rei para Israel. Todas as vezes que o Reino de Deus tem prioridade em nossa vida, Deus nos dá condições de suprir todas as necessidades e muito mais do que precisamos. Infelizmente, também aprendemos com Salomão que a desobediência a Deus rouba-nos a manifestação de Suas promessas em nossa vida. Ele deixou de desfrutar tudo que Deus havia lhe dado por muito mais tempo porque não foi obediente aos mandamentos do Senhor. Não permita que as bênçãos de Deus se tornem laços em sua vida, nem troque nenhum prazer temporário pelo Deus que é o único que pode lhe dar a vida eterna.

Declarando a promessa

Declaro que minha vida alcançará longevidade nesse mundo, que as bênçãos do Senhor me acompanharão durante todos os meus dias e que meu coração estará inclinado a buscar o Reino de Deus em obediência sincera à Sua Palavra. Os caminhos do Senhor serão conhecidos pelos meus pés e deles não vou me desviar jamais; ainda que os prazeres desse mundo tentem confundir meu coração, não trocarei a fidelidade ao meu Deus. Sou um vencedor, escolhido para reinar em obediência, e sobre mim retenho a promessa de viver longos dias na presença do meu Deus.

1Reis 17.14

"Porque o SENHOR Deus de Israel diz que sempre haverá bastante farinha e bastante óleo em suas vasilhas, até a ocasião em que o SENHOR enviar chuva e as colheitas crescerem de novo" (VIVA).

Lição de fé para a minha vida

Um tempo de seca trouxe muita fome e doenças para a nação de Israel e territórios fronteiriços. Uma pobre viúva de Sarepta, em Sidom, tem um punhado de farinha e um pouco de azeite para fazer a última refeição com seu filho e morrer. Que prova de fé o profeta Elias submete a pobre viúva, quando lhe ordena fazer para ele um pequeno bolo com os poucos ingredientes que existiam na casa, afirmando que a farinha e o azeite seriam, por Deus, multiplicados. A ordem do profeta foi cumprida e um milagre se fez naquela casa. Esta mulher nos ensina duas grandes lições: uma é que a fé na Palavra de Deus pode mudar a mais terrível história de morte e transformá-la em vida; e que a fé, aliada à obediência, pode gerar o impossível em qualquer circunstância. Viver pela fé não é fácil; depender exclusivamente da provisão de Deus, exige muita determinação no coração. Quando você receber uma ordem de Deus não hesite em cumpri-la, apenas creia e você verá um milagre acontecer. Mesmo que exija de você um alto preço, acredite, muito maior será a bênção de Deus, e cedo você descobrirá que quem dá a primazia em sua vida para Deus, não deixa de colher suas melhores bênçãos.

Declarando a promessa

Em tempos de crise buscarei obedecer à Palavra de Deus, pois eu sei que ela é vitória para a minha vida. Eu confiarei no Senhor, Nele porei minha esperança e meu coração estará seguro em saber que me dará a provisão para cada dia. Uma terrível seca pode me cercar e ao meu redor olhos sem esperança poderão me observar, mas eu não serei intimidado, pois sou determinado a vencer pela palavra do meu Deus. Minha provisão é promessa de Deus e nada irá me faltar. Mesmo em tempo de seca terei para emprestar, ajudar e abençoar a quem necessitar. E quando a chuva de Deus cair sobre mim, colherei com abundância, e me fartarei em Suas bênçãos.

2Reis 6.16

"E ele disse: 'Não temas; porque mais são os que estão conosco do que os que estão com eles'" (ARC).

. . . .

Lição de fé para a minha vida

Uma surpresa horrível para o servo do profeta Eliseu foi acordar e ver um cerco de inimigos ao redor da cidade onde morava. Sua preocupação foi confortada com a palavra do profeta de que "mais são os que estão conosco do que os que estão com eles". Seus olhos foram abertos e ele contemplou ao seu redor cavalos e carros de fogo. Era a certeza de que Deus os estava protegendo. Quantas vezes nós somos surpreendidos numa manhã de um lindo dia por notícias e problemas que nos amedrontam e roubam a alegria do raiar do sol em nossa vida. O dia lindo se transforma em uma noite escura, sem luz nem esperança. Mas essa é a hora que precisamos abrir os olhos da fé, acreditar no sobrenatural de Deus para nos livrar de toda afronta do inimigo. Embora não possamos ver, Ele está ali nos guardando e pronto a nos proteger. O profeta enxergara mais que o servo, porque ele sabia que Deus é o "Senhor dos exércitos" e que nada aconteceria sem que Ele permitisse. E nós também não podemos ter medo do inimigo, apenas devemos pedir a Deus que abra os nossos olhos espirituais. Quando tentarem fazer de seu lindo dia uma escuridão sem esperança, creia que Deus já enviou os Seus anjos e eles estão ao seu redor para lhe garantir a vitória!

Declarando a promessa

Não vou temer nem me deixar abater pela afronta do inimigo que chegar a mim pela manhã. A notícia ruim não me impedirá de caminhar num dia radiante de luz. Sobre mim existe o cuidado de um Deus poderoso, que não permitirá a minha derrota e nem deixará a esperança fugir do meu coração. Meus olhos são olhos de fé, só veem pela fé, portanto não serei abatido pela aparência da visão humana e ninguém fará do meu dia uma escuridão de medo e pavor. A proteção do meu Senhor, os carros e cavalos de fogo, os anjos de Deus, me garantirão um dia de vitória acima das possibilidades humanas!

2Reis 17.38-39

"Não esqueçam a aliança que fiz com vocês, e não prestem culto a outros deuses. Temam somente a Javé seu Deus, e ele os libertará de todos os seus inimigos" (EP).

. . . .

Lição de fé para a minha vida

Os constantes pecados de idolatria da nação de Israel atraíam seus inimigos à sua porta e era o castigo permitido por Deus, a fim de que Seu povo encontrasse o arrependimento e voltasse a adorá-lo. Quando uma nação derrotava um povo inimigo, geralmente atribuíam a vitória ao seu deus. Por medo dos deuses das nações vizinhas, muitas vezes Israel começava a adorá-los; isso era uma traição ao Deus que os tinha escolhido, separado como nação e protegido de terríveis inimigos. O temor deveria ser somente para o Senhor, o Deus Eterno, e não para deuses falsos, de pedra ou de madeira, que as nações vizinhas se inclinavam para adorar. A dependência exclusiva de Deus assegura a Israel vitória sobre qualquer inimigo, mas eles insistiam em temer os deuses vizinhos e adorá-los. Como a nação de Israel, somos, por muitas vezes, levados pelo que acontece à nossa volta. Nós nos deixamos contaminar com pecados, tememos as pressões de oposições à nossa fé e ficamos iguais aos que não possuem o temor de Deus. Não se deixe vencer pela incredulidade, pressões e oposições que estejam à sua volta. Tenha em mente que Deus o colocou onde está para que você seja uma referência do Seu amor e do Seu poder. O que vai lhe garantir sucesso na batalha não é criar uma máscara sobre a sua fé, mas a firmeza no temor de Deus. Ele lhe dará vitória!

Declarando a promessa

Declaro sobre a minha vida o temor de Deus e a vitória sobre todos os meus inimigos. Não me deixarei levar pelas influências que estejam à minha volta; não contaminarei minha fé e esperarei com firmeza a resposta de Deus. Mesmo que cercado por fortes oposições não cederei; a minha convicção no sustento do meu Deus não será abalada. O meu temor é só para o Senhor, pois Ele tem o poder para me manter de pé e me libertar de todos os meus inimigos. Eu sei que a vitória é certa no poder do meu Deus!

1Crônicas 22.11-13

"Agora, pois, meu filho, o SENHOR seja contigo; e prospera e edifica a casa do SENHOR teu Deus, como ele disse de ti. O SENHOR te dê tão somente prudência e entendimento, e te instrua acerca de Israel; e isso para guardar a lei do SENHOR teu Deus. Então prosperarás, se tiveres cuidado de fazer os estatutos e juízos, que o SENHOR mandou a Moisés acerca de Israel. Esforça-te, e tem bom ânimo; não temas, nem tenhas pavor" (ARC).

Lição de fé para a minha vida

As últimas palavras de Davi ao seu filho Salomão são de encorajamento para realizar a promessa que lhe fora feita por Deus: o templo que tanto ele sonhara em edificar ao Senhor seria construído por Salomão. Davi conhecia bem as leis do Senhor e sabia da importância de obedecê-las. Da obediência e perseverança dependia o sucesso de Salomão. Por isso a necessidade de esforço e ânimo para vencer todo o medo e barreiras que iriam surgir. As conquistas de nossa vida são sempre de muito suor, e mesmo algumas promessas de Deus precisam ser conquistadas pelo nosso esforço em permanecer firmes na obediência e dependência do Senhor. A nossa tarefa não é somente esperar o tempo de seu cumprimento, mas também permanecermos firmes na Palavra de Deus até que ela se cumpra. Certamente o que Deus está para nos dar exige de nós fidelidade às Suas leis, e assim como o sucesso e a prosperidade de Salomão estavam atrelados à sua obediência, permaneçamos firmes em Deus, pois a Sua Palavra irá se cumprir em nossa vida.

Declarando a promessa

Os planos de Deus serão realizados em minha vida no tempo certo. Permaneço firme nas promessas que Ele tem sobre mim; não me moverei nem para a direita nem para a esquerda. Espero pelo cumprimento de Sua palavra no caminho de submissão e obediência à Sua vontade. Sei que existem conquistas a serem feitas na caminhada rumo às promessas de Deus, mas não temerei as barreiras que possam surgir e o medo não terá lugar na minha vida. Na fidelidade à Palavra de Deus encontrarei sucesso e prosperidade, pois estas são promessas estabelecidas sobre a minha vida. Sou um conquistador vitorioso!

1Crônicas 28.20

"E disse ao seu filho Salomão: 'Seja forte e corajoso e mãos à obra! Não desanime nem tenha medo, pois o Deus Eterno, o meu Deus, estará com você. Ele não o abandonará, mas ficará com você até terminarem todas as obras da construção do templo'" (BLH).

Lição de fé para a minha vida

Depois de tanto falar sobre como Deus havia prometido usar a Salomão para construção do templo em Jerusalém, Davi lhe dá o projeto que ele deveria executar. Todo chamado de Deus exige fé e coragem, e a construção do templo não poderia exigir menos. Uma obra magnífica deveria ser edificada para o Deus de Israel. Qualquer homem sentiria seu coração bater mais forte diante de tamanho desafio e certamente não foi diferente com Salomão. A certeza dada por promessa era que Deus estaria com ele por todo o tempo, mas caberia ao jovem rei não se amedrontar com as dificuldades que tentariam impedi-lo de ser usado por Deus. Todos nós temos um chamado de Deus e algo para fazer no Seu reino, mas também temos oposições e lutas que tentarão nos deter. É diante desses desafios que precisamos reter a promessa de que Deus estará sempre conosco até que cumpramos o Seu querer. Sua companhia constante nos dará vitória sobre todas as dificuldades e nos encorajará a prosseguir mesmo quando o caminho for difícil. Contudo, você pode ter a certeza que o Deus Eterno sempre estará com você. Não tenha medo dos desafios, apenas esteja pronto a caminhar com Deus e veja como Seu poder o sustentará até cumprir todo Seu querer.

Declarando a promessa

Deus me capacitará para realizar os Seus planos em minha vida. Não vou temer as oposições que surgirão tentando impedir a ação de Deus sobre mim. A obra de Deus será por mim realizada, pois não me deixarei envolver pelos ventos desfavoráveis, nem me deixarei desanimar por qualquer tipo de oposição. Não terei medo de nenhum projeto de Deus para a minha vida por maior que seja. A companhia do Senhor me fará vencedor contra todo tipo de frustração e me dará forças para conquistar o que Ele tem para minha vida. A companhia de Deus é que me faz um vencedor!

2Crônicas 7.14-15

"Se o meu povo, que se chama pelo meu nome, se humilhar, e orar, e me buscar, e se converter dos seus maus caminhos, então, eu ouvirei dos céus, e perdoarei os seus pecados, e sararei a sua terra. Agora estarão abertos os meus olhos e atentos os meus ouvidos à oração deste lugar" (ARC).

Lição de fé para a minha vida

Salomão, rei de Israel, faz sacrifícios ao Senhor e mostra total dependência Dele para governar a nação. Satisfeito com a posição do rei, Deus, que conhece o coração do homem, sabe que algumas circunstâncias podem levá-lo à desobediência e, como consequência, atrair um castigo dos céus. Diante dessa realidade uma promessa de restauração é dada por Deus, pois a nação de Israel é um povo que leva o Seu nome, é Sua herança, um povo escolhido que experimenta o milagre do perdão e prosperidade mediante confissão e arrependimento dos seus erros. Quantas vezes você já se sentiu desanimado pelo peso dos pecados que insistem em dizer que você é um fracassado? Levante a cabeça e alegre o seu coração, Deus tem colocado o nome Dele sobre sua vida e não irá lhe abandonar. O que Ele espera de você é arrependimento e confissão para inaugurar em sua vida um tempo de restauração e prosperidade. Nós pertencemos a Deus e isto significa que não estamos sozinhos diante das dificuldades. Ele nos ama e tem interesse por nós e porque Lhe pertencemos, o nosso bem Lhe faz bem. Então, viva o melhor que o Senhor da Terra tem para você hoje!

Declarando a promessa

Não me prostrarei diante dos erros e não me deixarei vencer pelo fracasso. Tenho sobre mim a excelência de um nome poderoso; Deus selou Seu nome em minha vida e me honrará quando eu o chamar. Do céu Ele virá em meu socorro e me erguerá vitorioso para prosperar sobre a terra. A Ele confessarei meus erros e Ele me livrará da acusação do inimigo. Sou filho de um Deus poderoso e grande em perdoar, que cura minhas feridas e me capacita a vencer qualquer barreira, que cessa toda acusação contra mim e sara a minha terra, para que em tudo eu seja próspero e tenha sua vitória.

2Crônicas 15.7

"Mas sejam fortes e não fiquem desanimados, pois vocês serão bem-sucedidos em tudo o que fizerem" (BLH).

Lição de fé para a minha vida

O rei Asa estava disposto a renovar o pacto de obediência ao Senhor, pacto este que havia sido quebrado e totalmente esquecido pela nação de Judá. Trazer toda a nação de volta à adoração não era tarefa muito fácil; afinal oposição é o que não deseja o coração de qualquer monarca. A voz profética de Deus ecoa para garantir o êxito de Asa nessa missão. Deus está dizendo-lhes para viverem com fé, com esperança, com otimismo, e principalmente que confiem Nele. Muitas pessoas se sentem fracas e logo desanimam diante das tribulações e dificuldades, mas o Senhor não se agrada disso; Ele não quer que vejamos nelas motivo para recuar, voltar atrás, mas sim de coragem. Deus quer que sejamos fortes e fortalece-nos para que lutemos com todas as nossas forças. Quando o seu coração está pronto a obedecer a Deus, ainda que seja em situação extrema, a certeza do sucesso vem pela provisão e poder de Deus. Não se deixe influenciar pela aparência difícil de algumas circunstâncias nem se iluda com o tamanho dos inimigos. Ponha-se firme e seja valente, Deus irá à sua frente, abrirá Seus caminhos e você será bem-sucedido. Você só precisa saber que é um vencedor e não um vencido!

Declarando a promessa

Declaro que a cada dia serei mais determinado em conseguir meus ideais e fazer a vontade do meu Senhor Deus. Ele é quem me dará forças para vencer o cansaço e a fraqueza, os meus braços serão fortalecidos e a esperança nunca se afastará do meu coração. O desânimo será expulso do meu corpo, cada músculo meu clamará por vitória, e a força do Senhor me fará cumprir com fidelidade o que Ele tem me dado a fazer. A cada dia eu me fortalecerei na força do Senhor e rejeitarei a ideia de cair, ficar prostrado ou voltar atrás. Buscarei viver dia a dia na confiança do meu Senhor. A vitória do meu Deus está entronizada em minha vida e nada poderá me impedir de realizar os Seus sonhos. Eu sei que não sou um vencido, porque eu sou um vencedor!

Esdras 7.28b

"Assim, me animei, segundo a boa mão do SENHOR, meu Deus, sobre mim" (ARA).

. . . .

Lição de fé para a minha vida

Na época de Esdras havia muitos escribas em Israel com o mesmo chamado para estudar e explicar as Escrituras ao povo, porém Deus destacou Esdras dos outros. Deus teve uma boa razão para colocar a Sua mão sobre Esdras, incumbindo-lhe de reconstruir Jerusalém. Esdras decidiu ser um estudioso das Escrituras e agir de acordo com o que nelas lesse. Acima de tudo, ele estava determinado a buscar a Palavra de Deus e obedecê-La incondicionalmente. E não se desviou de maneira nenhuma dessa decisão! Não há registro na Bíblia de que Esdras teve uma experiência sobrenatural que lhe deu amor pelas Escrituras. Muito antes de Deus pôr Suas mãos sobre ele, Esdras já era diligente em buscar as Escrituras. Já se permitia ser examinado por elas, purificado e lavado de toda imundície do corpo e do espírito. Ele tinha fome das Escrituras e se alegrava nelas. Em suma, Esdras permitia que elas preparassem seu coração para qualquer missão que Deus escolhesse para ele. Portanto, Deus viu em Esdras um homem impregnado por Sua Palavra e pôs Suas mãos sobre ele e o ungiu. Sim, a unção de Deus é sobrenatural. Mas o Senhor Deus coloca Suas mãos apenas sobre aqueles que se entregam inteiramente a conhecer e obedecer a Sua Palavra. Aí se inicia toda unção. Não se pode esperar o toque de Deus na vida se não estiver faminto e desejoso de ser saciado pela Sua Palavra, determinado a viver da e na Palavra, e com dedicada sujeição a ela. Saturemos nosso coração com a Palavra de Deus e recebamos a unção da boa mão do Senhor! Louvemos a Deus por demonstrar tal misericórdia conosco!

Declarando a promessa

As lembranças dos meus erros não me farão estacionar no caminho, e nem me farão desistir dos meus projetos. Declaro que estou decidido a buscar a Palavra de Deus, acima de tudo, e a obedecê-La incondicionalmente. Permitirei que ela prepare meu coração para qualquer obra que Deus escolher para eu realizar. Lutarei diariamente para não me desviar dessa decisão. Serei encorajado pelo Senhor a vencer todos os obstáculos para viver na Palavra. A mão poderosa do meu Deus estará sobre mim. Eu tenho a unção!

Neemias 8.10

"Vão agora para casa e façam uma festa. Repartam a sua comida e o seu vinho com quem não tiver nada preparado. Este dia é sagrado para o nosso Deus; portanto, não fiquem tristes. A alegria que o Deus Eterno dá fará que vocês fiquem fortes" (BLH).

Lição de fé para a minha vida

Os judeus que voltaram do cativeiro para Jerusalém com Neemias e Esdras, choram quando ouvem a leitura da Lei. As palavras da Lei são entendidas por todos os que a ouvem e sua resposta se demonstra em suas mentes, suas emoções e suas vontades. Um sentimento misto de arrependimento por desobedecer a Deus e alegria por estarem de volta à sua terra, faz daquele dia um marco na vida de cada israelita novamente repatriado. Cada um deles trazia no corpo e na alma as marcas de um tempo vivido fora de sua terra, sua humilhação e tristeza, mas certamente também tinha no coração a lembrança da promessa de que um dia seria resgatado. Mas o sofrimento agora deveria ficar para trás; o momento era de alegria e celebração pela restauração que o Senhor estava dando ao Seu povo. Quando nos afastamos de Deus colhemos muitas tristezas; várias delas serão manifestadas em nossa vida quando somos confrontados com a Palavra de Deus. Mediante o arrependimento encontramos a restauração de Deus, e isso proporciona alegria que nos fortalece para seguirmos em frente. Não fique estacionado na derrota do passado, Deus não quer isso para você; se alegre na restauração de Deus e prossiga na sua força para alcançar suas promessas.

Declarando a promessa

As lembranças dos meus erros não me farão estacionar no caminho, e nem me farão desistir dos meus projetos. O perdão de Deus sobre mim apagou meus pecados e eles já não fazem parte de minha vida. A alegria do perdão de Deus e de Sua restauração me fortalece para enfrentar novos desafios e conquistar as promessas do Senhor para a minha vida. A cada dia eu me alegrarei nas vitórias de Deus, pois eu sei que Ele tem prazer em me abençoar. Movido pela força da alegria que Suas promessas me proporcionam, viverei plenamente todas as Suas bênçãos e serei sempre um vencedor.

Ester 4.14

"Se você se calar agora, a salvação e a libertação dos judeus virá de outro lugar, mas você e sua família morrerão. Quem sabe se você não se tornou rainha exatamente para esta ocasião?" (EP).

. . . .

Lição de fé para a minha vida

Ester havia se tornado rainha e a mulher mais desejada do seu rei. Por ocasião de sua escolha para ser rainha, seu tio, Mardoqueu, julgou melhor esconder a sua origem, pois os judeus viviam sob forte pressão e oposição no reinado de Assuero, na Pérsia. Com o passar do tempo a opressão contra os judeus aumentou e ganhou um aliado forte. Hamã, o segundo no reino de Assuero, homem de confiança do rei, odiava os judeus e o fez assinar um edito que dava direito de perseguição e morte aos judeus em um dia pré-estabelecido. O pavor tomou conta dos judeus, e sua proximidade trazia mais terror entre os judeus. Ester ainda mantinha sua identidade em segredo, mas era questão de tempo até que fosse descoberta. Mardoqueu confiava que Deus providenciaria a libertação dos judeus, mas alerta Ester: Não seria para essa ocasião que Deus a colocou como rainha? Deus conduziu a história de Ester que creu e interveio a favor dos judeus livrando-os de seus inimigos. É certo que Deus conduz a história, protege Seu povo e tem propósitos, e seja qual for a posição que venhamos a ocupar, somos sempre servos a serviço Dele. Oposições sempre irão existir para aqueles que são fiéis a Deus, mas a libertação virá de algum lugar, pois em silêncio Deus já a preparou para nos garantir a vitória.

Declarando a promessa

Não vou temer as oposições contra minha vida, pois no tempo certo Deus se manifestará para me garantir a vitória e colocar-me num lugar de honra. A minha vida pertence ao Senhor e onde eu estiver representarei Seu grande nome e o servirei com integridade de coração. Meus opressores podem armar ciladas contra mim e minha casa, e meus olhos podem não ver uma saída, mas confiarei sempre na provisão do meu Deus. Sei que de algum lugar me virá a libertação, pois Deus é o mesmo, Ele ainda move reis e rainhas para abençoar aqueles que são fiéis. Sobre minha vida existe a garantia de vitória pela misericórdia do meu Deus.

Jó 5.8-11

"Vou lhes dar um conselho: 'procure a Deus e confesse a Ele os seus pecados, pois Ele faz maravilhas, milagres que nem se podem explicar. Ele manda a chuva cair sobre a terra e regar os campos, para dar alimento e alegria aos pobres e necessitados'" (VIVA).

. . . .

Lição de fé para a minha vida

Embora o sofrimento de Jó não fosse pelos seus pecados, seu amigo, Elifaz, expõe em seu conselho a bondade de Deus em relação ao homem. Primeiro ele diz que Deus está pronto a perdoar os pecados mediante confissão e arrependimento. Isso mostra que pecados são rejeitados e odiados por Deus, mas o Seu grande amor pelo homem o faz perdoar quando o pecado é confessado. Deus rejeita o pecado, mas aceita o pecador arrependido. Segundo, ele vê Deus como aquele que faz milagres, ou seja, ele é o Deus que desconhece a impossibilidade, pois Nele tudo é possível. Aquilo que é inexplicável encontra em Deus resposta; Ele pode e sabe todas as coisas. Terceiro, Deus não desampara os necessitados. Ele rega a terra com chuva para frutificar aqueles que dependem dela. O homem pode fazer a semeadura, mas somente Deus pode dar a colheita. Nisto todos os homens da terra se igualam, ricos e pobres, todos dependem de Deus para regar e suprir a terra. Podemos resumir o conselho de Elifaz em uma frase: "Viver em comunhão com Deus é o melhor que o homem pode ter na terra". Não deixe que seus pecados criem uma barreira entre você e Deus, creia que sua confissão lhe garante o perdão e a certeza de prosperidade. É o amor de Deus que nos garante sucesso nesse mundo.

Declarando a promessa

Declaro que meus pecados não me separarão da comunhão com o Senhor, pois eu os confessarei todos; citarei seus nomes e me voltarei em arrependimento para os braços de Deus. O pecado existirá na minha vida como um acidente, e como aquele que cai, eu não me prostrarei, mas me erguerei para estar de pé diante de Deus. O meu Deus é o Deus dos milagres, maravilhas, das causas impossíveis; nada está oculto aos Seus olhos. Ele me sustentará no dia mau e não me deixará em abatimento. A minha firmeza está em Deus e na Sua companhia sou próspero e vencedor.

Jó 5.15-16

"Deus salva os órfãos e necessitados dos maus e poderosos. Sim, há esperança para o pobre porque os perversos serão destruídos pela sua própria maldade" (VIVA).

Lição de fé para a minha vida

Na vida enfrentamos dificuldades que nem sempre semeamos. É o caso das tragédias causadas pelos fenômenos naturais, das enfermidades e situações que o pecado gera no coração do homem; sua própria maldade e ambição. O fato é que a vida iguala todos nós. Somos vulneráveis a tragédias, alegrias e tristezas; tudo isso é produto da vida. O órfão não tem ninguém por ele; suas perdas o fizeram sofrer e o tornaram solitário. Sem ter em que se apegar, seu pensamento pode voltar-se para Deus, onde encontrará consolo. O necessitado é o que sofre por não ter recursos, sejam quais forem, para resolver o seu problema; mas ele pode encontrar em Deus o que precisa para ser vitorioso. A promessa, revelada ao órfão e necessitado, é sobre um apelo feito a Deus pelos que não podem apelar para ninguém. A estes, Deus não deixará de ouvir e abençoar, enquanto os arrogantes e perversos serão vítimas dos seus próprios caminhos. Jó teve sua vida destruída, perdeu seus filhos e bens, sua mulher não o apoiava e seus amigos o acusavam. Quem poderia ouvir as orações que esse homem necessitado fazia? Quem poderia ser sua companhia? Sua fé em Deus o fazia acreditar que seu Redentor ainda lhe restauraria e, como ele creu, assim aconteceu. Não se desespere nas perdas e não duvide que Deus pode preencher suas necessidades. Na hora da dificuldade, converse com o Pai que tanto o ama e está pronto para abençoar. As promessas de Deus não falham na vida daqueles que o buscam.

Declarando a promessa

Sou vitorioso porque Deus olha para minha vida e cuida dos meus passos para me fazer vencedor. Não tenho medo das armadilhas dos homens maus, nem temerei quando estiver caminhando na solidão. Deus estará sempre comigo, me conduzirá com Seu poder para um lugar de segurança e derrotará os meus adversários. Minhas necessidades serão satisfeitas pelo Senhor; Ele me dará o sustento certo para cada momento de minha vida. Não desfalecerei em tempo algum, pois sei que a promessa de Deus me trará prosperidade e vitória por onde eu andar. Deus é quem cuida de mim!

Salmo 4.3

"Sabei, pois, que o Senhor separou para si aquele que lhe é querido; o Senhor ouvirá quando eu clamar a ele" (ARC).

Lição de fé para a minha vida

Ao olharmos as coisas que acontecem ao nosso redor, podemos pensar que o Senhor está inerte aos fatos ou que Ele não se importa. Temos muitas vezes a falsa noção que, para o Senhor, todos estão no mesmo pé de igualdade, pois pecadores e justos sofrem o mesmo nessa vida. Mas este verso nos mostra que Ele "distingue para Si", ou seja, que Ele separa, que está atento para a vida daqueles que se entregam a Ele de forma especial, que o piedoso é propriedade Dele. Devemos resistir à tendência da comparação com aqueles que não são piedosos, pois a vida dessas pessoas pode ter a aparência de tranquilidade, mas estão totalmente desprovidas de Deus. Precisamos entender que o Senhor, tendo o controle de todas as coisas, sabe o melhor tempo para a resposta. Às vezes nossa impaciência, nosso sentido de urgência, abala de forma grave a nossa fé. Queremos resolver as questões do nosso jeito, usando a nossa capacidade humana e limitada, até que descobrimos que o Senhor é que tem o melhor jeito de fazer todas as coisas. Por isso esperar – ou descansar no Senhor – é o melhor que podemos fazer. Quando tomamos a atitude de crer, o Senhor pode trabalhar ao nosso favor. Quando tomamos a atitude de fazer, impedimos a ação do Senhor. Deus escolheu lhe amar e o separou com olhos de ternura; não despreze esse amor se achando inferior a qualquer pessoa nesse mundo e creia que ao levantar a sua voz Ele virá ao seu socorro e lhe dará a vitória.

Declarando a promessa

Declaro que, independente das circunstâncias, confiarei sempre no Senhor, crendo que sempre sou ouvido mesmo que as respostas não venham no meu tempo, pois sei que Ele me separou para Si. Permanecerei firme nesta promessa mesmo que tudo diga o contrário, pois qualquer situação dessa vida por mais avessa que pareça não foge ao controle do meu Senhor. Não sou apenas mais um no meio de uma multidão; sou separado e sei que os olhos do meu Deus estão sobre mim.

Salmo 9.9-10

"No SENHOR podem encontrar alívio todos os que passam por perseguições e sofrimentos. Ele é um abrigo seguro nas horas de dificuldade! Por isso, SENHOR, quem te conhece confia em Ti porque não abandonas quem Te procura sinceramente" (VIVA).

Lição de fé para a minha vida

Nestes versos Davi conta a certeza de alívio e segurança que ele tinha em seu Senhor, pois já havia experimentando da salvação que o Senhor dá em momentos de perseguição e sofrimento. E quantos de nós já nos encontramos nessas condições? Onde a esperança de nosso coração já se esvaiu nos levando à angústia; onde tudo que vemos em nosso caminho é sofrimento e inimigos prontos a nos derrotar? Deus, então, é o nosso alívio, é onde podemos encontrar refrigério, paz e segurança. Em Deus podemos nos esconder das dificuldades, pois Ele é um abrigo seguro quando estamos sem forças, cercados por adversidades que não encontramos solução. E quando buscamos ao Senhor cheios de esperanças e com nosso coração derramado aos Seus pés, Ele nos toma em Suas mãos e nos leva à completa segurança e certeza de salvação. Nossos inimigos tornam-se pequenos e as dificuldades que antes nos assolavam agora não trazem mais angústia e sofrimento, pois sabemos que Deus age em nosso favor. Confiar em Deus fez a diferença na vida do rei Davi, e quando se encontrava em dificuldade e sofrimento, sempre vinha à sua memória os feitos que Deus havia realizado em seu favor, dando-lhe esperança e confiança no Deus forte e Todo-poderoso. Confie no mesmo Deus de Davi, que é o Deus de Abraão, de Isaque e de Jacó, e lembre-se dos Seus grandes feitos pela humanidade. Seja um vitorioso!

Declarando a promessa

Declaro que confiarei no Senhor buscando Sua face, mesmo em meio a dificuldades e perseguições. Não deixarei minha alma se afogar no mar da angústia, pois me lembrarei sempre dos Seus grandes feitos, e assim erguerei minhas mãos aos céus e clamarei ao meu Senhor certo de que Ele virá e me livrará dos inimigos e das dificuldades que vierem sobre mim. Deus sempre será quem buscarei, pois sei que Ele não recusará o clamor sincero de um filho Seu, e transformará meu sofrimento em alívio. O meu Deus nunca me abandonará!

Salmo 11.7

"O SENHOR ama a justiça, porque Ele é justo. Quem obedece de coração à sua Lei, viverá na sua presença" (VIVA).

Lição de fé para a minha vida

Deus criou todas as coisas que existem, tanto nos céus como na terra, e sendo o criador de todas as coisas, também criou as leis que sustentam o universo e a nossa sociedade. Deus criou as leis porque Ele é justo e deseja que a Sua criação também viva em justiça. Não há outra maneira de servir e estar na presença de Dele sem obediência de coração à Sua Lei. Quando falamos em "lei" temos a impressão de se tratar de algo punitivo, que cerca a nossa vida, nos tornando imóveis e sem escolhas. Pois toda lei é feita para delimitar deveres e responsabilidades, assim como a Lei de Deus também o é. A diferença é que a Lei de Deus é sábia, santa e justa, e proporciona ao ser humano viver em Sua presença. Isso é por demais maravilhoso! A Lei de Deus nos coloca pertos Dele! Portanto, a Lei do Senhor deve ser guardada com amor e não ser vista como algo frio e punitivo. Seguindo Sua Palavra teremos uma vida plena na Sua presença onde encontraremos paz, justiça e segurança, pois essas coisas são dadas aos que andam e permanecem no Seu caminho de retidão. Ainda que esse caminho seja contrário ao que a sociedade entenda como justiça, permanecer firme na Lei de Deus é o que vai fazer que sempre estejamos em Sua presença. Lembre-se que o Senhor ama a justiça e são as Suas leis que nos mostram o caminho de uma vida justa. Confie na Lei de Deus e desfrute em estar continuamente na presença do Senhor!

Declarando a promessa

Declaro que terei as leis de Deus guardadas em meu coração e buscarei obedecer à Sua Palavra rigorosamente e de forma prazerosa. Viverei em um caminho de retidão agindo em justiça com as pessoas. Terei em Sua Palavra a direção para a minha vida e nela meditarei de dia e de noite, para que eu possa estar vivendo em conformidade com a vontade de Deus e andar para sempre na presença do meu Senhor!

Salmo 23.1-3

"O Senhor é o meu pastor; nada me faltará. Ele me faz repousar em pastos verdejantes. Leva-me para junto das águas de descanso; refrigera-me a alma. Guia-me pelas veredas da justiça por amor do seu nome" (ARA).

Lição de fé para a minha vida

Este é um dos versos bíblicos mais conhecidos no mundo, um texto onde Davi compara os cuidados de Deus aos de um pastor que cuida do seu rebanho. Antes de ser rei de Israel Davi foi pastor de ovelhas e conhecia bem a tarefa de apascentar. A caminhada bem cedo para junto do rebanho, a sua contagem na ida e vinda dos pastos, seus olhos atentos às constantes ameaças por parte dos predadores à noite; tudo isso fazia do pastor um vigia sempre atento nas horas escuras. Havia ainda a necessidade de conduzir as ovelhas para um lugar de segurança, onde pudessem encontrar pastos verdes e água fresca. Todas eram tarefas de um pastor, que por anos Davi realizou enquanto cuidava do rebanho do seu pai. Seu grande cuidado com as frágeis e dependentes ovelhas o fizeram sentir-se ovelha que confiava em Deus como seu sublime pastor. Embora sempre se exalte os cuidados do pastor, não se pode esquecer a condição humilde e dependente da ovelha. As expressões "Ele me faz repousar", "leva-me" e "guia-me", mostram que a ovelha está condicionada à direção do seu pastor. O Senhor é um pastor sem igual, maravilhoso, mas como ovelhas, precisamos ser obedientes à Sua voz. O nosso pastor pode nos proporcionar um caminho de justiça, pastos verdes e águas de descanso; de fato, nada vai nos faltar se confiarmos e obedecermos à Sua voz. Busque ter um coração dócil de ovelha e deixe seu divino pastor prover todas as suas necessidades.

Declarando a promessa

Declaro que o Senhor Jesus é o meu pastor e não permitirá que nada venha me faltar. O Senhor suprirá todas as minhas necessidades e conduzirá minha vida por caminhos de bênçãos e prosperidade. O meu divino pastor guardará a minha vida do inimigo perverso, não dormirá enquanto vigiar a minha vida. Meu coração se dobrará a ouvir e obedecer sempre à Sua voz. O Senhor é o meu pastor, Ele me fará caminhar em caminhos de alegria e paz!

Salmo 23.4

"Ainda que eu ande pelo vale da sombra da morte, não temerei mal algum, porque tu estás comigo; a tua vara e o teu cajado me consolam" (ARC).

. . . .

Lição de fé para a minha vida

O "vale da sombra da morte" foi uma expressão usada pelo salmista para simbolizar uma determinada situação que ele estava passando, onde não tinha certeza de vida. O que ele via era apenas escuridão e o que sentia era o cheiro da morte. Muitas pessoas quando se encontram em uma situação de morte ou em um lugar sombrio, seus corações são inundados pelo terror, que consome suas almas. Porém o salmista possuía algo em seu coração que o fazia destemido nesse momento; mesmo que o lugar onde estivesse lhe trouxesse sensações horríveis, ele encontrava segurança na doce presença do Senhor Deus. Ele sabia que, durante esse momento difícil, o seu Senhor andaria ao seu lado; durante todo o trajeto o seu Supremo Pastor o protegeria com a Sua vara e com o Seu cajado e o guiaria em meio à escuridão, trazendo consolo à sua alma aflita, que diante da presença Dele pode experimentar alívio e segurança. Nossa segurança não pode estar baseada no cenário que está à nossa volta, seja sombrio ou não; as circunstâncias mais adversas não podem nos abalar. Com certeza, todos nós passaremos um dia por situações ameaçadoras onde não haverá a quem pedir ajuda; porém o que nos fará passar por tal momento sem medo e vitoriosos será o quanto confiamos no Deus da nossa Salvação. O Sumo Pastor certamente estará ao seu lado na hora difícil e lhe dará consolo ao coração até que alcance um lugar de descanso e paz.

Declarando a promessa

Declaro que confiarei no meu Deus, mesmo que a situação seja de morte ou que me encontre em um lugar sombrio. Ainda quando não conseguir mais ver o sol e estiver mergulhado em trevas, serei consolado pelo Sumo Pastor. Confiarei sempre que o Senhor Deus está comigo para me proteger, me guiar, e que a minha alma será consolada por Ele. Não temerei mal algum, pois junto com o meu Deus atravessarei com segurança todos os vales sombrios da minha vida. Eu tenho a chave da vitória!

Provérbios 1.33

"Mas quem me escuta permanece em segurança, estará tranquilo, sem temer a desgraça" (BJ).

. . . .

Lição de fé para a minha vida

Deus é a própria voz da sabedoria, ouvi-Lo é ter a certeza de Sua proteção, não ouvi-lo é estar sujeito a toda sorte de males. A ideia de segurança e de uma habitação tranquila, onde os inimigos não podem fazer nenhum mal, é estar além da capacidade de ser atingido por qualquer dardo que venha de fora. Essa é a segurança que tem aquele que escuta a voz de Deus; isso implica em obedecer sem restrições às Suas palavras. Muitas vezes estamos em segurança e sabemos que não podemos ser atingidos, mas o nosso coração não alcançou paz. Tranquilidade é a paz no interior da alma, é estar com o coração quieto diante de quaisquer circunstâncias. Quem ouve a voz de Deus conhece o Seu imenso amor e sabe que Ele fará tudo para nos dar segurança, proteção e que Seus ouvidos estão atentos às nossas orações. Estamos sujeitos a toda sorte de infortúnio neste mundo; coisas boas e ruins sucedem para bons e maus, mas os que ouvem a voz de Deus não temem passar por tribulações, pois sabem que Deus em todo o tempo lhes dará garantia de vitória. Diante de tão magnífica promessa não deixe de ouvir todas as manhãs o que Deus tem a falar com você pela Palavra Dele, escute-O, siga a Sua voz, e caminhe com segurança sem temor do que poderá acontecer no seu dia, pois o Deus de Glória já lhe garantiu a vitória.

Declarando a promessa

Eu habitarei em segurança e sei que nenhum mal permanecerá sobre mim, pois observarei a cada dia a Palavra de Deus e confiarei em Suas promessas para mim. Mesmo que venham as adversidades, o meu coração estará em paz, minha alma descansará na provisão de Deus e não serei abalado. Vivo cada dia confiado em Deus e não temerei quando o dia mau chegar; passarei guiado pelo meu Senhor por cada estrada difícil e não me deixarei amedrontar por notícias ruins. Deus é quem cuida de mim, estou seguro em Seus braços e nenhum mal me atingirá. Ouço a voz de Deus e sou herdeiro de cada promessa Dele para minha vida.

Provérbios 3.1-2

"Meu filho, nunca se esqueça das coisas que eu lhe ensinei. Guarda sempre na memória as minhas instruções. Se você seguir essas instruções bem de perto terá uma vida longa e tranquila" (VIVA).

. . . .

Lição de fé para a minha vida

Como um pai ensina ao filho o caminho para o sucesso, assim Deus tem a preocupação de nos ensinar a andar de maneira que conquistemos o sucesso de uma vida longa e de paz. Às vezes as dificuldades que enfrentamos no caminho nos trazem desespero e tentamos agir por nossas forças, conceitos e ideias. Esquecemos de buscar na memória os ensinos que nos foram passados pela experiência daqueles que viveram situações iguais ou parecidas com as que enfrentamos. Ainda que esses ensinos não façam parte da vida de pessoas que conhecemos, podemos muito aprender na Palavra de Deus com homens e mulheres que ouviram a Sua voz em situações difíceis e venceram. A Palavra de Deus precisa estar viva em nossa mente, pois nas horas de aperto e tristeza elas nos ensinarão o caminho certo a seguir. Um caminho sempre leva para algum lugar e quando se caminha ouvindo as instruções de Deus o lugar é de prosperidade, vida longa e paz. Nem sempre é fácil seguir as instruções de Deus, muitas vezes elas vêm de encontro ao que queremos ou sonhamos, mas quando abrimos mão de nós mesmos para segui-las, encontraremos o melhor para nossa vida. Ainda que seja difícil e tenha um preço a se pagar, não deixe de seguir de perto o que Deus tem lhe instruído.

Declarando a promessa

Terei uma vida próspera e de muita paz, pois manterei vivas as palavras de Deus em meu coração. Seguirei os conselhos de Deus, os Seus mandamentos, não me apartarei deles jamais. Nos dias de muita dificuldade eles me ensinarão o caminho da paz e serão para mim como um escudo protetor. A Palavra de Deus é minha conselheira todos os dias; nela eu meditarei e manterei a confiança de que tenho sobre mim a promessa de uma vida longa, cheia de paz e prosperidade. Confio na promessa que Deus já estabeleceu sobre mim e desde agora até o fim dos meus dias, viverei abundantemente e descansarei na paz do meu Senhor.

Provérbios 3.5-6

"Confie no SENHOR de todo o seu coração; nunca pense que sua própria capacidade é suficiente para vencer os problemas. Em tudo quanto for fazer, lembre-se de colocar Deus em primeiro lugar. Ele guiará os seus passos e você andará pelo caminho do sucesso" (VIVA).

Lição de fé para a minha vida

Deus fez o ser humano dotado de uma capacidade de ação que parece não ter fim. Inventamos coisas fantásticas como aviões, foguetes, tornamos o mundo visível na sala da nossa casa através de um sinal de satélite, curamos e criamos doenças, enfim parece que tudo pode acontecer quando a mente do ser humano começa a trabalhar. Mas com tudo isso ainda nos desesperamos em busca de paz, vivemos a violência e a vida parece não ter nenhum valor. Parecemos ser os senhores absolutos do universo, mas o governo e a provisão de nossas vidas, e tudo o que existe está nas mãos de Deus. Confiar em nós mesmos é uma armadilha que faz-nos pensar ser o que não somos. O desejo de Deus é que continuemos a depender Dele para sarar os problemas que nos afligem, curar a nossa alma e fazer-nos alcançar o sucesso. Cabe a Ele dirigir nossos passos, remover obstáculos ou ensinar-nos a removê-los, desviar-nos do mal ou vencê-lo, e ficarmos com a certeza que seremos vitoriosos porque o governo de tudo o que existe está nas mãos de Deus. Ainda que você pense ser capaz de resolver qualquer tipo de problema, não deixe de pedir a Deus que o guie, e declare que a força e o poder de solução estão nas mãos Dele. Assim, você poderá andar no caminho de prosperidade e sucesso por promessa de Deus.

Declarando a promessa

Declaro que os meus pés serão guiados por Deus em um caminho de sucesso e prosperidade. Ele tem me dado capacidade para fazer escolhas; eu decidi colocá-Lo em primeiro lugar em minha vida e escolhi andar em Seus caminhos. O meu Senhor me conduzirá de forma que eu não tropece nos obstáculos e estará pronto a socorrer-me se me faltarem forças. Todavia eu me alegrarei em ser conduzido pelo Senhor e não temerei nenhum problema, pois minha promessa é de trilhar um caminho de vitória e sucesso.

Provérbios 3.25-26

"Não temas o pavor repentino, nem a assolação dos ímpios quando vier. Porque o **Senhor** será a tua confiança, e guardará os teus pés de serem presos" (VR-MTHG).

. . . .

Lição de fé para a minha vida

A conduta da pessoa guiada por Deus é sempre irrepreensível, mas isso não impede o ímpio de agir contra ela. Guardado das armadilhas dos ímpios está aquele que confia em Deus. Mas existe outro inimigo, invisível e inesperado, que sempre vem para nos intimidar. São descritos como pavores ou calamidades repentinas, coisas com as quais não contávamos é que surpreendem o nosso coração, tentando roubar nossa paz e confiança em Deus. É como se essas coisas nos viessem dizer que Deus não está no controle, mas o fato delas nos surpreenderem não significa que surpreenderam a Deus. Se de fato temos a confiança em Deus não seremos apavorados por qualquer calamidade; entristecidos e às vezes abatidos sim, mas nunca sem acreditar e confiar no Senhor, pois sabemos que Ele tem todo o controle em Suas mãos. Os ímpios não têm a quem recorrer em tempos de calamidades e o seu sofrimento pode nos causar maior espanto que o mal repentino. O pavor de sofrer o mesmo que o ímpio não pode achar lugar no coração daqueles que acreditam e confiam em Deus, pois o Senhor é a nossa confiança e impedirá que os nossos pés sejam presos por qual quer armadilha. É a Sua promessa para nós.

Declarando a promessa

Minha confiança está em Deus e nada poderá me impedir de romper em fé para conquistar Suas promessas. Meu coração se apegará a Ele na hora do pavor e não serei derrotado pelo medo, caminharei sem olhar para trás em busca do que tem prometido para a minha vida. Os laços dos ímpios serão para a sua própria queda, mas os meus pés serão guardados pelo Senhor, Ele me sustentará em todo o tempo com a Sua forte mão. Ainda que o ímpio more ao lado, ele será atingido no dia mau, mas o Senhor porá a Sua mão sobre mim. A confiança que tenho no Senhor me levará a um lugar seguro e de paz. Deus me guardará de qualquer cilada, pois a vitória já foi declarada sobre a minha vida!

Provérbios 4.20-22

"Filho meu, atenta para as minhas palavras; inclina os teus ouvidos às minhas instruções. Não se apartem elas de diante dos teus olhos; guarda-as dentro do teu coração. Porque são vida para os que as encontram, e saúde para todo o seu corpo" (VR-MTHG).

. . . .

Lição de fé para a minha vida

As instruções de sabedoria são para os seres humanos um guia completo para a felicidade e sucesso. Por isso a preocupação de guardá-la no coração deve ser uma constante em nossa vida. Com efeito, só podemos guardar o que de fato aprendemos e acreditamos, isto requer um pouco de esforço e disciplina da nossa parte. Inclinar os ouvidos às instruções é mantê-los atentos para que nada se perca, uma lembrança para que não aprendamos somente o que nos interessa, mas todas as instruções ainda que seja preciso mudar conceitos e atitudes. Instruções de sabedoria são ensinos e leis de Deus para governarem nossa vida e conduzir-nos em segurança por toda nossa jornada. Os frutos dos ensinos de sabedoria na vida do homem são descritos como a descoberta do sentido da própria vida e saúde para o corpo. Isso pode ser entendido pela natureza da lei de Deus que é perfeita e de Sua vontade, que vivamos debaixo de Suas bênçãos e proteção. A desobediência traz disciplina, que muitas vezes vem como fracasso na vida e doenças no corpo. Abra os seus ouvidos para ouvir cada ensino que Deus tem ministrado ao seu coração, lute para preservá-los vivos em sua vida, não permita que fuja dos seus olhos a leitura das Suas palavras e desfrute da promessa de uma vida vitoriosa na proteção de Deus.

Declarando a promessa

Sobre minha vida está a bênção da prosperidade e saúde, pois estou atento aos ensinos que Deus tem ministrado ao meu coração. Não deixarei que circunstâncias desfavoráveis me apartem dos mandamentos do meu Senhor, eles são para mim um escudo que não deixará nenhum dardo do inimigo me atingir. Em todo caminho que andar serei bem-sucedido e terei a proteção de Deus, que me dará saúde e guiar-me-á em segurança para a vitória. Os ensinos de Deus alcançaram o meu coração e nele estão gravados para sempre, portanto serei sempre bem-sucedido. Estou debaixo da promessa do meu Deus!

Provérbios 8.32-35

"Por isso, jovens, ouçam os meus conselhos, pois quem me ouvir e obedecer será muito feliz. Sejam inteligentes! Ouçam os meus conselhos, não recusem! Quem me ouve e obedece, quem procura viver sempre ao meu lado, será muito feliz! Porque quem me acha, acha a vida e recebe a aprovação do SENHOR" (VIVA).

. . . .

Lição de fé para a minha vida

Ao lado da sabedoria há muita felicidade. A resposta para isso é que, ao se tornar amigo e caminhar com a sabedoria, o homem encontra a aprovação, o que pode ser traduzido como "o favor" do Senhor. "Quem procura viver sempre ao meu lado será muito feliz", traz um conceito de felicidade tão amplo que descrevê-la é por demais difícil. Pois a felicidade completa inclui prosperidade, saúde, paz e o que mais se puder creditar a essas palavras. Mas nada disso é possível sem a nascente da sabedoria que está em Deus. Ele é a própria sabedoria e andar com ele é tudo o que o homem precisa para ser amplamente feliz e ter sucesso. Podemos resumir que longe de Deus não há vida nem felicidade, embora as pessoas tentem achar felicidade em dinheiro, fama, sucesso, nada vai lhes satisfazer o coração e o fim de suas vidas será sem segurança e com falta de paz pela ausência de Deus. Quando andar em obediência a Deus não pense na felicidade terrena, voe mais alto e pense na plena e total felicidade que alcançaremos na eternidade ao Seu lado. O fim da sabedoria é gerar vida, mas a vida que Deus dá vai além do tempo nesta terra, ela é eterna.

Declarando a promessa

Tenho sobre minha vida o favor e aprovação de Deus, pois sigo a sabedoria expressa em Seus mandamentos para me conduzir a um caminho de vitória. Em Deus encontro toda segurança e poder que preciso para ser feliz e conquistar o melhor desta vida e a vida eterna. Meus ouvidos estão atentos para ouvir todo ensino que vem do Senhor; vencerei todos os obstáculos e serei fiel a eles. Andarei em fidelidade e conhecerei o melhor caminho que um homem possa andar, o caminho da sabedoria de Deus, que garante a felicidade nessa vida e a segurança de uma vida eterna.

Provérbios 10.22

"A bênção do SENHOR traz riqueza, e não inclui dor alguma" (NVI).

Lição de fé para a minha vida

Vivemos sempre correndo atrás de algum objetivo, trabalhamos, semeamos aqui e ali, nos desgastamos, estudamos, nos damos em nossos relacionamentos e, de forma muito clara, tudo o que queremos é alcançar a felicidade. E felicidade é a riqueza que Deus tem para nos dar. Quando a promessa fala de riqueza não a limita a dinheiro e bens materiais, mas trata-se de uma prosperidade completa, a única que pode satisfazer por inteiro todas as ansiedades do homem. Essa é a bênção que o Senhor tem para dar! Ela não pode ser comprada, porque não é vendida, não pode ser tomada a força, pois quem a detém é o Todo-poderoso, mas pode ser doada ao homem que ama a Deus. Às vezes lutamos tanto para conseguir o que Deus tem para nos dar de graça. Ferimo-nos em aventuras e intrigas, andamos em caminhos tortuosos que conduzem a verdadeiros abismos e, quando conseguimos alguma coisa, o preço que se pagou foi de muitas dores, e quase sempre essas dores nos fazem dependentes de coisas fúteis ou permanecem como uma lembrança ruim em nossas mentes. A riqueza de Deus não traz dores, não estressa a nossa alma, não traz tristezas, e se recebe com amor. Em tudo que aplicar seu coração e suas forças para conquistar, não perca de vista alcançar o coração de Deus; ame-O, obedeça-Lhe, e sem nenhum pesar receberá em sua vida a riqueza completa, a plena prosperidade que Ele de graça outorga ao que O ama.

Declarando a promessa

Sou próspero, pois tenho a bênção de Deus sobre mim. Sei que em qualquer área da minha vida haverá uma bênção especial de Deus para me fazer feliz e alcançar Suas promessas. A riqueza que vem de Deus me é dada de graça, mas o meu coração está inclinado a servi-Lo e em obediência seguir os Seus mandamentos. Sei que posso sonhar e investir em meus sonhos, pois o Senhor me dará a Sua bênção para que minhas realizações sejam concretas. Nenhum esforço me será em vão, pois tenho a promessa da honra e da prosperidade de Deus em tudo o que eu fizer, sem fadigas ou dores.

Provérbios 11.28

"Quem confia na própria riqueza murchará, mas os justos brotarão como folhagens" (EP).

. . . .

Lição de fé para a minha vida

Uma flor que murcha mostra o processo natural da morte. Ela murcha, morre e cai. Assim é comparado o homem que confia em sua riqueza, ele acha que está seguro, mas seu fim é o fracasso e a queda. Muitos pensam que ter riquezas é ter domínio, mas quem confia no dinheiro, na verdade, torna-se escravo dele. A promessa para o justo é de florescer como folhagens verdejantes e isso é contrastante com a flor que murcha e cai, pois as ervas que nascem não dependem de si mesmas, mas totalmente da ação de Deus na terra fértil, no sol e na chuva, para que cresçam e floresçam de forma perfeita. Os justos são assim, eles florescem na ação de Deus em suas vidas e não pelo que possuem ou possam fazer. Não é pecado ter muito dinheiro nem possuir riquezas, mas tornar-se escravo delas sim. Achar que o dinheiro pode tomar o lugar da ação de Deus é um equívoco que leva o homem à queda. Que em sua vida a prosperidade de Deus tenha lugar como uma promessa, para que você experimente o melhor desta terra, mas que o seu maior tesouro seja o dono de toda prata e de todo o ouro do mundo, que o Senhor, o Deus Eterno, seja o seu único tesouro, dominando por completo o seu coração.

Declarando a promessa

Andarei com justiça e retidão na Palavra de Deus e Dele receberei as bênçãos necessárias para que eu possa florescer nesta terra. Assim como uma semente que depende dos cuidados do seu criador para crescer e florescer, eu dependo do Senhor meu Deus para frutificar e prosperar em tudo que eu fizer. A riqueza, o dinheiro ou outro bem qualquer não dominará a minha vontade. Eu escolhi ser do Senhor e depender Dele, por isso nunca murcharei e nem cairei como uma flor sem vida. Tenho sobre mim a promessa de florescer e prosperar pela força e poder do meu Senhor. Onde eu estiver vou florescer como ervas verdes e fortes porque o Senhor é quem prepara o solo fértil do meu caminho.

Provérbios 12.4

"A mulher virtuosa é a coroa do seu marido, mas a que procede vergonhosamente é como podridão nos seus ossos" (ARA).

. . . .

Lição de fé para a minha vida

Uma mulher virtuosa é uma mulher que tem força e propósitos naquilo que faz. Com tal característica ela se torna exemplo para outras mulheres. Sua conduta traz honra, dignidade e autoridade para o seu marido como uma coroa traz para um rei. Essa virtude vem de um caráter irrepreensível. Mesmo em situações extremas ela tem força, pois não há virtude sem força interior. A mulher que procede vergonhosamente não tem virtude, seu comportamento traz vergonha e má fama. Para seu marido isso é como uma doença nos ossos. Os ossos não estão a vista, mas são responsáveis por um homem estar de pé, ter sustento e força. Assim faz a mulher que age de maneira vergonhosa para com seu marido, ela o destrói aos poucos por dentro, tira suas forças e sua capacidade de ação. Essa relação entre mulher e marido deixa claro que o casamento deve ter honra dos dois lados, a mulher como coroa para o seu marido o capacita a dar honra melhor para ela, pois a imagem da coroa lembra um reinado e nenhum rei despreza a coroa que lhe é dada. Ela se torna a razão e define os propósitos de sua vida. Que em tudo você seja alguém que tenha virtude, que a força da fidelidade encontre em seu coração descanso para vencer todos os obstáculos, para que o casamento seja na sua vida um reinado de sucesso e prosperidade.

Declarando a promessa

Declaro que minha vida terá a virtude de Deus como alicerce para que eu possa construir meu lar, conforme os ensinos de Sua Palavra. Minha conduta será exemplo para toda mulher que deseja honrar o seu marido diante de Deus e dos homens. Eu declaro desviar meus olhos de todo caminho que conduz à vergonha e conduzir meus passos para a lei de Deus. Meu Senhor me guiará e me sustentará dando-me forças para vencer todo desejo interior que possam me conduzir à vergonha. Sou uma coroa de pedras preciosas na cabeça do meu amado e Deus abençoará meu casamento com Suas melhores bênçãos.

Provérbios 14.14

"Os maus terão o que merecem, mas os bons serão recompensados pelo que fazem" (BLH).

Lição de fé para a minha vida

Quando o lavrador prepara um campo, ele ara a terra e planta a semente e tem todo o trabalho de cuidar para que cresça viçosa e livre de pragas. Enquanto isso, ele conta os dias para colher da semente que plantou os seus frutos. É realmente muito frustrante para ele se na época própria o fruto não aparecer. A nossa vida também experimenta a lei da semeadura, pois tudo o que plantarmos, certamente no tempo próprio, iremos colher. Muitas pessoas se esquecem de que as maldades e injustiças que praticam brotarão um dia com seus frutos, tal qual uma semente que foi plantada em terra fértil. Por promessa de Deus a pessoa receberá a retribuição de sua conduta, a pessoa má receberá o que é mau e a pessoa boa receberá o que é bom. Isso não tem nada a ver com os sofrimentos e aflições que todo ser humano passa na vida, mas sim com a fidelidade de se colher aquilo que se plantou. Tanto a vida recompensa os atos de bondade de uma pessoa como Deus, que contempla todas as coisas, será misericordioso com ele no dia da necessidade. Não ponha os seus olhos naquilo que o homem conseguiu à custa de maldade e infidelidade, pois por melhor que seja a riqueza, o seu fim é desgraça e ruína. Edifique a sua vida em bases de honestidade e fidelidade, porque a recompensa de Deus lhe alcançará tão certo como uma semente plantada em terra fértil brotará para no tempo de colheita manifestar os seus bons frutos.

Declarando a promessa

A minha recompensa está assegurada pela conduta de minha vida firmada na Palavra de Deus. Sei que cada semente de bondade que eu planto neste mundo com gestos, ações e palavras irão florescer como frutos abençoados por Deus para minha honra e para a edificação da minha vida. Não vou me deixar influenciar pelo que as pessoas más conquistam como frutos de sua desonestidade e sua infidelidade. Confiarei na promessa do meu Deus e verei no tempo certo a manifestação dos meus abençoados frutos.

Provérbios 14.26

"No temor ao Deus Eterno, o homem encontra um forte apoio e também segurança para a sua família" (BLH).

. . . .

Lição de fé para a minha vida

Vivemos em um mundo tão cruel que a todo instante corremos perigos que envolvem todas as áreas da nossa vida. Confiar em alguém está cada vez mais difícil porque não sabemos que reações as pessoas terão diante das adversidades. Uns se esquecem com facilidade de suas melhores amizades por causa de dinheiro, outros são levados a ignorar anos de companheirismo por causa do poder investido em um cargo ou função. São em nossos momentos de crises e dificuldades que precisamos contar com o apoio, solidariedade e proteção de alguém; e com tanta desconfiança, em quem confiar em tempos assim? Mas aquele que teme ao Senhor possui uma fortaleza segura, ele encontra apoio porque as leis e a bondade de Deus preservam a sua vida, pois o que teme ao Senhor é aquele que deposita Nele toda sua confiança e alcança o Seu favor no dia da tribulação. Deus não é como o homem, vulnerável às paixões e aos prazeres desse mundo; pelo contrário, nada agrada mais o coração de Deus do que estar ao nosso lado como um amigo muito achegado. O temor a Deus nos faz íntimos Dele e não necessitamos de buscar em outro lugar melhor conforto, amizade e proteção. Aprenda a confiar no Senhor seu Deus, observe com cuidado Suas leis, pois o que teme respeita, acredita e obedece. Então poderá descansar em paz no dia da tribulação e saberá que até os seus filhos receberão a mesma proteção e bênção.

Declarando a promessa

O meu Senhor é minha fortaleza segura, o meu protetor e amigo no dia da angústia. Eu temo ao Senhor porque Ele é bondoso e Suas palavras são refúgio para a minha vida. O meu temor me faz andar nas Suas leis e meditar em Seus mandamentos para não errar os meus passos, pois sei que o caminho do Senhor me colocará em um refúgio quando a tempestade chegar. Minha casa receberá a proteção do Senhor, meus filhos encontrarão descanso nela, pois a promessa do meu Deus se cumprirá e me dará paz na tribulação. O temor do Senhor é a minha vitória!

Provérbios 16.3

"Confie a Javé o que você faz, e seus projetos se realizarão" (EP).

Lição de fé para a minha vida

Confiar algo a alguém é deixar sob sua proteção e cuidado, enquanto entregar aos cuidados de Deus é consagrar-Lhe. Essa é a confiança com que entregamos a Deus o que fazemos, nossos planos, sonhos, todos os nossos projetos serão governados por Ele, pois confiar ou consagrar a Deus é deixar tudo debaixo do Seu poderoso domínio. Quando agimos dessa maneira podemos descansar acerca dos planos mais audaciosos do nosso coração, todos estão nas mãos de Deus, não fracassarão nem se frustrarão, mas serão segundo a vontade Dele. No entanto, confiar a Deus nossos planos é também conhecer qual a vontade Dele para suas realizações, muitos dos planos que temos podem nos trazer transtornos; como Deus sabe o que vamos enfrentar, Ele pode não permitir que alguns dos nossos projetos saiam da gaveta até que estejamos preparados. Por isso tenha o cuidado de apresentar a Deus todas as ansiedades do seu coração, os seus desejos e planos, crendo que Ele é capaz de realizá-los de forma sobrenatural, e essa é mais uma razão para confiarmos Nele. Deus faz acontecer qualquer projeto do nada, ele realiza verdadeiros milagres quando nos deixamos ser guiados por Ele. Por essa promessa tão maravilhosa eu desafio você a se colocar por inteiro na dependência de Deus em relação a cada sonho que tem guardado no seu coração. Desafio você a abrir a velha gaveta onde seus planos foram esquecidos e colocá-los nas mãos do Pai Poderoso. Sobre a sua vida existe uma promessa de grandes realizações pelas mãos do Deus do impossível, volte a sonhar!

Declarando a promessa

Meus projetos jamais ficarão engavetados e frustrados, eles acontecerão de forma sobrenatural pelo poder do meu maravilhoso Deus, pois lhe consagro a minha vida, cada sonho, planos e tudo o que minhas mãos forem fazer. Sei que na minha força nada posso fazer, mas o meu Deus concederá o desejo do meu coração, Ele abrirá todas as portas, aprontará os recursos e me fortalecerá as mãos para fazer o que precisar. Eu recebo a promessa e entrego ao Senhor meus sonhos e planos, e louvo ao Seu nome, pois pela fé já posso contemplá-los realizados.

Provérbios 19.17

"Quem trata bem os pobres empresta ao Senhor, e ele o recompensará" (NVI).

Lição de fé para a minha vida

Tratar bem ao pobre é estar atento as suas carências e ajudá-lo, literalmente é fazer caridade. Essa bondade é aqui descrita como investimento, pois a recompensa mais tarde virá por intermédio do Senhor. Não se trata somente de dar algum tipo de esmolas a quem precisa, a caridade não é completa se não houver amor e compaixão de quem a pratica; não pode ser vista como uma obrigação, mas um dever de um coração impulsionado por bondade. É esse sentimento que impulsiona a ação, que Deus vê e se agrada. O que deve ser observado é que tratar bem os pobres implica em respeito, nem sempre eles se ajustam a um padrão imposto pela sociedade que os ignora por causa do falar, vestir e andar, e sempre os avaliando pela aparência e não pelo que possuem no coração. Não se iluda, há muita riqueza no coração de um homem, mesmo que seja pobre. Assim, não despreze o pobre e necessitado, aprenda a olhá-lo com os olhos do Criador, pois somos todos os homens pecadores que precisam de sua graça para sobreviver. Não recue sua mão diante da possibilidade de ajudar alguém, faça com prazer e amor no coração. Deus pode lhe recompensar de muitas formas, mas o que vemos é que colhemos o que plantamos. Quem estende a mão e trata bem alguém, certamente terá uma mão estendida e será bem tratado quando precisar, ainda que essa mão estendida seja a do próprio Deus, a recompensa virá.

Declarando a promessa

Deus me dará condições de ajudar a quem precisar e não fechar os olhos para a necessidade do pobre. Meu coração conhecerá o valor das pessoas pelo que elas representam para Deus e não pelo que possuem diante dos homens. Não terei medo ou dúvidas em ajudar e tratar com bondade, sem discriminação alguma aquele que é menos favorecido nessa vida. Ajudarei com alegria sem esperar nada receber em troca; somente aguardo a fidelidade de Deus em me honrar na hora de minha necessidade. Posso investir em qualquer vida sem medo, pois Deus me recompensará e serei farto no que eu precisar.

Provérbios 19.23

"O temor de Javé conduz para a vida, e a pessoa dorme tranquila e sem pesadelos" (EP).

Lição de fé para a minha vida

O tempo de nossa vida é muito curto, mesmo assim fazemos muitas escolhas nesse período e uma má escolha pode nos trazer transtornos que parecerão uma eternidade de sofrimento. Então, fazer a escolha certa é tarefa essencial se quisermos evitar os erros que trazem tristeza e a maneira de evitá-los é temendo ao Senhor. Temer a Deus é respeitar as Suas leis, andar esquadrinhado por Seus mandamentos; assim teremos a certeza de não errar o caminho que conduz para a vida, ou o caminho para se viver melhor. São as nossas escolhas e atitudes que definirão o tipo de vida que iremos ter. A segurança que tem aquele que é guiado pelas leis de Deus está na perfeição dos caminhos Dele. Andar nesse caminho de temor é ter a consciência tranquila de que nenhuma lei foi quebrada, é ficar de cabeça erguida sem ter nenhuma acusação sobre seus atos e não temer o mal, pois aquele que teme ao Senhor é guardado por Ele. Como é difícil dormir quando uma dívida nos preocupa ou a insegurança da violência nos amedronta. Ainda que muitos homens percam o sono por medo do próprio homem, dificilmente alguém perde o sono por estar em dívida com Deus. Mas o que teme ao Senhor pode dormir em paz, está livre de ambas as dívidas. Sua consciência está tranquila por não dever nada ao homem e tem paz e segurança por temer ao Senhor.

Declarando a promessa

Dormirei em paz e terei tranquilidade nos meus dias, pois escolhi andar no temor do Senhor e o meu caminho é esquadrinhado pelas leis do meu Deus. Não terei medo do que possam tramar contra a minha vida nem me assustarei com os obstáculos no meu caminho. O Senhor me conduzirá com os meus passos e com poder me sustentará contra toda adversidade. Escolhi andar nos caminhos de vida, pois são os mandamentos do Senhor que trazem a verdadeira paz e me conduzem para a vitória. Terei a consciência em paz nos meus dias e nada perturbará o meu sono, pois o temor ao Senhor me conduz à verdadeira vida.

Eclesiastes 11.1-2

"Lança o teu pão sobre as águas, porque depois de muitos dias o acharás. Reparte com sete, e ainda até com oito, porque não sabes que mal haverá sobre a terra" (ARC).

Lição de fé para a minha vida

Lançar o pão sobre as águas é um desafio ao investimento. Claro que essa metáfora fora tirada de algum princípio conhecido pelo escritor, talvez pelo sistema de plantio usado por muito tempo no Egito, onde as sementes eram lançadas no rio Nilo, um pouco acima do seu delta, que transbordava em tempo de cheias. Quando as águas baixavam, dava para ver as sementes nascendo na terra fértil. Nem todas as sementes brotavam; no meio do caminho e na correnteza do rio muita coisa poderia acontecer. Mas as que permaneciam germinavam e produziam seus frutos. Como toda semeadura tem o seu risco, lançar o pão sobre as águas também tem. Todo investimento possui imprevistos e devemos estar prontos a lidar com eles. A diferença é que a fé nos leva a crer na intervenção de Deus a nosso favor. Mesmo quando não sabemos o que vai acontecer, que tipo de mal chegará sobre a terra, podemos descansar em Deus. Nele está toda força para mover e reverter as situações que sejam contrárias. O que não podemos fazer é ter medo de investir, de arriscar, medo de crer no sobrenatural. Porque lançar o pão é apenas um ato de audácia, coragem que espera Deus trabalhar nas águas para fazer o que o homem não pode, multiplicar o pão. Eis um desafio que nos desperta a fé, ter audácia para semear, investir e acreditar na ação de Deus para colhermos o melhor que a terra pode oferecer.

Declarando a promessa

Não terei medo de investir nas oportunidades que Deus abrir em minha vida. Serei audacioso e farei tudo que compete a mim como homem fazer e esperarei fielmente ser recompensado pela ação de Deus. Sei que Deus me dará forças para agir com sabedoria e não permitirá que minha semente se perca em terra improdutiva, mas a levará para uma terra fértil e bem regada, preparada por ele. Declaro que nenhum investimento meu deixará de prosperar. Repartirei com alegria os meus frutos e na minha mesa muitos se fartarão.

Eclesiastes 12.13-14

"Agora que já se ouviu tudo, aqui está a conclusão: Teme a Deus e obedeça aos seus mandamentos, porque isto é o essencial para o homem. Pois Deus trará a julgamento tudo o que foi feito, inclusive tudo o que está escondido, seja bom, seja mau" (NVI).

. . . .

Lição de fé para a minha vida

O final do livro de Provérbios é uma síntese de todo o livro. Após falar tanto sobre a vida a conclusão que chegamos é que temer a Deus e obedecê-lo é tudo o que o homem precisa para ser feliz. Nisso deve estar a base da sua vida; o restante Deus o honrará pela sábia escolha em servi-lo. Entretanto, como tudo na vida tem uma razão de ser, a obediência a Deus livra o homem de cometer impiedade e consequentemente o livra do juízo e castigo no dia do julgamento divino. Pois Deus a todos julgará e revelará o que está oculto; nenhum ato humano ficará impune. Se o melhor da vida é temer a Deus, nada mais natural do que acreditar que o pior da vida é viver longe da obediência e do temor do Senhor Deus. Nem sempre avaliamos bem as consequências do que fazemos; ocultamos muitos erros e acreditamos que irão permanecer assim, sem que mais ninguém saiba o que fizemos. Mas Deus sabe de todas as coisas, debaixo do céu e da terra, e é certo que pagaremos a conta de nossos atos injustos, a menos que com humildade e arrependimento, tenhamos alcançado o Seu perdão. Não esqueça nunca que o melhor que você pode ter nessa vida é o temor a Deus.

Declarando a promessa

Declaro que o temor ao Senhor e a obediência aos Seus mandamentos irão fazer de mim alguém cheio de bondade e abençoado. Meus atos e as palavras que saírem da minha boca serão usados por Deus para edificar e salvar vidas. Quando estiver diante do meu Senhor para ser julgado receberei Dele a justa recompensa pela minha vida de retidão. Jamais me afastarei dos mandamentos do meu Senhor, mas os porei firmados em meu coração, pois eles são para mim vida e alento, e na hora de minha morte irão me conduzir aos braços do meu Senhor.

Cântico 8.6-7

"Põe-me como selo sobre o teu coração, como selo sobre o teu braço, porque o amor é forte como a morte, e duro como a sepultura o ciúme; as suas brasas são brasas de fogo, com veementes labaredas. As muitas águas não podem apagar este amor, nem os rios afogá-lo; ainda que alguém desse todos os bens de sua casa pelo amor, certamente o desprezariam" (ACRF).

Lição de fé para a minha vida

As palavras contidas no livro de Cânticos vão além da cena romântica entre o noivo e a noiva; antes retratam com fortes palavras o amor de Cristo pela igreja. A Bíblia apresenta Jesus como o noivo que buscará a noiva, a igreja, para estar com ele no céu. O amor descrito como impossível de ser levado pela correnteza de um rio é também um amor sem preço, pois nada pode comprá-lo. Mas o fulgor desse amor não está em seu valor, está na sua força; nada pode destruí-lo porque não é vencido pelo tempo; ele é eterno. Por mais belo e forte que seja o amor humano ele é apagado pelo tempo, mas o amor de Deus transcende o tempo e espaço. Onde estivermos seremos achados por Deus e amados por ele; ainda que pequemos, pelo nosso clamor e arrependimento, ele virá ao nosso encontro com amor. Diante de tamanho amor não há como não nos render, entregar e viver toda sua intensidade na comunhão com o Senhor. Lembre-se disso onde estiver, quando for humilhado pelo homem, quando os amigos faltarem, quando o desprezo o machucar, lembre-se que você é amado como a noiva preciosa de Jesus, a menina dos Seus olhos, e se acalme em Seus braços acolhedores na certeza que nada poderá impedi-lo de Lhe amar.

Declarando a promessa

Sei que o amor de Deus por mim é incomparável e eterno. Ainda que eu venha a errar e meus amigos me abandonarem, sei que Deus me sustentará com Seu amor, não me deixará, mas me conduzirá em Seus braços para um caminho de retidão. O amor de Deus por mim é fiel e imutável. Rendo-me ao amor do meu Deus, a ele me entrego para ser somente Dele, usado por Ele no Seu reino, pois reinarei com Ele em Sua glória.

Isaías 7.14

"Por isso o SENHOR mesmo lhes dará um sinal: a virgem ficará grávida e dará à luz um filho, e o chamará Emanuel" (NVI).

. . . .

Lição de fé para a minha vida

A promessa do nascimento do Messias era um sinal de que a bênção do Senhor estava sobre a nação de Israel. Eles estavam rodeados de povos ferozes e tinham em Deus sua grande esperança de vitória. Mas bastava algum povo inimigo sobressair na guerra para surgir questionamentos acerca da provisão de Deus. O filho que da virgem nasceria tem o nome de Emanuel – "Deus conosco", que é a palavra definitiva de Deus quanto ao Seu amor e Sua presença no meio do Seu povo. Às vezes ficamos a questionar sobre a ação de Deus, tanto no mundo em que vivemos como em nossas próprias vidas. Afinal se Deus está conosco porque tantas coisas desagradáveis e sofredoras nos alcançam? Questionar o porquê de algumas coisas pode até nos fazer encontrar algumas respostas, tais como a inerente maldade que toma conta do ser humano, os nossos pecados e tudo o mais que eles trazem como consequência. Mas há uma diferença entre perguntar o porquê e questionar o valor do que Deus falou. Por qualquer motivo Israel dizia que Deus os abandonara, que as promessas de bênçãos não existiam mais e que estavam à mercê dos povos inimigos. Por isso Deus lhes deu um sinal, para provar Sua fidelidade com o Seu povo. Não tenha medo do que terá que enfrentar em seu caminho e se a dúvida persistir não hesite em pedir um sinal. Com certeza Deus o dará a você.

Declarando a promessa

Deus está continuamente ao meu lado e não permitirá que meus inimigos triunfem sobre mim. Não permitirei que a dúvida de suas palavras me afugente a fé e furtem do meu coração os sonhos que Ele deu para mim. Tudo que Deus falou se cumprirá em minha vida; Sua Palavra é fiel, não voltará atrás nem pode ser intimidada por inimigo algum. O maior de todos os sinais o Senhor já manifestou em minha vida, Jesus morreu por mim e ressuscitou, dando-me a herança de uma vida eterna. Sei que Deus é comigo e cumprirá Suas promessas em minha vida.

Isaías 26-3-4

"O Senhor dará uma paz perfeita a todos que confiam nele, aos que concentram seus pensamentos nele. Confiem para sempre no Senhor, porque no Senhor Deus vocês encontrarão a força que nunca se acaba" (VIVA).

. . . .

Lição de fé para a minha vida

A paz é uma necessidade que buscamos para que a vida seja experimentada com toda sua beleza e alegria. Sem paz não há felicidade em se conquistar, em se plantar, em sonhar, pois tudo perde seu valor. Por paz não podemos somente entender a ausência de guerras, mas também a tranquilidade no coração para se viver, produto de uma mente fortalecida e equilibrada. Podemos viver longe da violência e da guerra e mesmo assim não estar em paz. A pior ausência de paz é a do coração, pois não há como fugir dela, você pode mudar de lugar, de cidade e até de país, mas não mudará nada se o seu coração não encontrá-la. Há muita gente que se fecha para a vida, morre no desgosto e na depressão por causa da falta de paz em seu interior. Essa é a paz que o Senhor está nos dando como promessa, a paz perfeita que nos dá segurança em meio as maiores dificuldades, diante da própria guerra ou violência. Quando estiver vivendo dias turbulentos não deixe que sua mente vague pelo terror, firme-a no Senhor, concentre seu pensamento no Deus que é proteção e ajuda para todo o sempre. Ele o fará conhecer a paz verdadeira, lhe dará forças e você conhecerá a alegria e consolo que só a paz de Deus pode dar.

Declarando a promessa

Sobre mim está estabelecida a paz do Senhor, minha mente está confiante no poder do meu Deus. Ele me protegerá e dará forças ao meu coração para não se intimidar com as aflições deste mundo. Por onde eu for estarei seguro e sem medo, pois tenho a paz que vai além da capacidade humana de ser entendida, ela me dá tranquilidade e conforto até em tempo de guerra, a paz do meu Senhor está dentro de mim, me sustentará e me fará viver em alegria. Não serei derrotado pelo medo e nunca perderei a esperança, enquanto viver serei consolado pela magnífica paz do meu Deus.

Isaías 26.12

"SENHOR, tu nos darás a paz; tu fizeste para nós todas as nossas obras" (EC).

. . . .

Lição de fé para a minha vida

Deus tem prazer em realizar todas as coisas para o bem-estar dos seus filhos. Desde a criação podemos observar Seu cuidado em organizar um mundo diversificado e perfeito onde colocou o homem para reinar. Toda beleza da natureza colorida por montanhas, flores, rios, mares e animais foi um cenário criado por Deus para proporcionar o bem-estar do homem. Embora o pecado tenha nos afastado de Deus, seus cuidados jamais deixaram de existir; Ele ainda sustenta toda criação e tem restaurado o ser humano através de Jesus. O que nos garante a paz é esse cuidado amoroso de Deus para conosco, sua preocupação em sempre nos resgatar dos pecados e das dificuldades que enfrentamos em nossa caminhada. Ele nos dará paz e a segurança de viver protegido dos inimigos, de não temer o mal que possa vir, de descansar em meio aos fortes ventos, sabendo que Ele nos protegerá, que não está longe, mas perto daqueles que confiam Nele. Essa é a paz que herdamos por promessa, pois aquele que faz todas as coisas para nos dar bem-estar não nos privará de viver com o coração na quietude dos Seus cuidados. Seja qual for sua luta não deixe seu coração correr pelo caminho da insegurança onde o medo dita as regras; aprenda a descansar na provisão daquele que faz todas as obras para você viver em segurança. Descanse na paz que só o Senhor pode lhe dar.

Declarando a promessa

O Senhor dará paz à minha volta, meus adversários não se achegarão à minha casa nem serei intimidado pelas notícias ruins. Deus cuida de mim a cada instante, cerca a minha vida com uma cerca viva e providencia o que for necessário para minha segurança. Um breve momento de tribulação não poderá roubar a paz de Deus do meu coração; seus cuidados me ensinarão o caminho do descanso e minha mente estará firmada em Sua promessa. Eu tenho a paz do Senhor e nada poderá furtar a tranquilidade que meu coração tem encontrado na proteção de Deus. A paz do Senhor é a confiança e serenidade que me faz triunfar em meio às tribulações da vida.

Isaías 30.18

"No entanto o Deus Eterno continua esperando porque ele quer ser bondoso e ter compaixão de vocês; pois ele é Deus que faz o que é direito. Felizes são aqueles que põem a sua esperança nele" (VIVA).

. . . .

Lição de fé para a minha vida

Quando pecamos contra Deus semeamos o mal que depois desencadeará em nossa vida o seu fruto. Essa é a lei sobre a qual o homem existe: Tudo que semear, ele colherá. É claro que o pecado também conhece o perdão e a restauração de Deus, mas isso não elimina suas consequências. O perdão nos restaura espiritualmente, nos faz ter comunhão com Deus, mas colhemos na carne as consequências dos nossos atos. Por muitas vezes a nação de Israel sofreu pelos seus pecados, embora debaixo de forte opressão de povos inimigos, ou de pestes e fome provocadas pela seca, mas não reconhecia seus erros para arrepender-se dos seus pecados. Deus, todavia, aguardava o tempo de arrependimento para restaurar a sorte do seu povo e dar vitória sobre os seus inimigos. O nosso Deus é amoroso, grande em misericórdia; não desiste de nos abençoar, não nos abandona com nossas ofensas a Sua santidade, mas aguarda o nosso arrependimento para restaurar-nos e colocar-nos em lugar de honra. Quando pecar contra Deus não pense que Ele o abandonou, que nunca mais vai olhar para você, nem tenha vergonha de buscar a Sua face em oração e voltar a buscar Sua presença. Tudo o que Deus quer é abençoar você, erguer a Sua cabeça e dar-lhe vitória sobre a opressão do seu pecado. Somente tenha no coração um arrependimento sincero e verá o quanto Deus pode surpreender-lhe em amor.

Declarando a promessa

Não ficarei prostrado diante dos meus pecados e não sofrerei suas consequências para sempre em minha vida. Alcançarei as bênçãos de Deus e serei por Ele restaurado, mediante o arrependimento sincero do meu coração. Deus é justo, sei que todo pecado requer punição, mas tenho a promessa que todo arrependimento tem redenção, pois Deus espera, e não desiste, ver meu coração rendido em arrependimento para ser restaurado. O meu Deus não desiste de mim, por isso minha vida tem esperança, pois ainda que eu venha falhar, minha vitória está na misericórdia do Senhor, Ele me restaurará.

Isaías 35.4

"Digam aos corações desanimados, 'Sejam fortes! Não tenham medo! Vejam o Deus de vocês: ele vem para vingar, ele traz um prêmio divino, ele vem para salvar vocês'" (EP).

. . . .

Lição de fé para a minha vida

Às vezes dentro de uma jornada, depois de muito caminhar, após muitas lutas, as forças começam a falhar, as pernas a cansar e o desânimo vem, tentando nos fazer desistir dos sonhos. Como um guerreiro que luta com sua espada nas mãos durante longas batalhas, enfrentando multidões dos exércitos inimigos, ele se vê cercado, sozinho e cansado; seus braços doem, suas mãos já não aguentam o peso da própria espada, sua respiração ofegante não o deixa pensar com clareza. Mas seu coração está confiante, não teme, pois sabe que seu rei virá em seu auxílio para salvá-lo e sua perseverança será recompensada. Deus observa atentamente todas as necessidades, sabe exatamente do que precisamos e em que momento enviará auxílio. Ele tem prazer em socorrer a uma de Suas ovelhas e não permitirá que nenhuma delas seja perdida. Não existem batalhas que o Rei dos reis não vença, não existem vitórias que Ele não lhe dê, tudo está feito, e em Suas mãos. Fiel e justo é Seu nome, Ele jamais o abandonará diante de uma batalha, mas virá em seu socorro no tempo apropriado. Creia e permaneça confiante, convicto de que a vitória é certa para aqueles que esperam pelo agir de Deus. Ele faz tudo certo e dos céus contempla as suas necessidades e conhece a extensão de suas forças. O Senhor não o deixará perecer, mas em vitória lhe dará salvação.

Declarando a promessa

Não desanimarei, nem me atemorizarei diante das dificuldades da vida, pois creio no socorro que vem do alto e sei que o Deus dos céus está pronto para me ajudar. Perseverarei em fé, pois o Senhor virá em meu auxílio e me trará a vitória. Sou um vencedor em Jesus; minha salvação está firmada Nele. Não existem batalhas que Ele não possa vencer; lançarei fora todo o medo e confiarei que as bênçãos divinas para mim reservadas chegarão no tempo certo. Deus toma à frente em meu favor e pleiteará minhas causas, por isso não temerei; Nele eu tenho a garantia da salvação e da vitória.

Isaías 40.8

"Seca-se a erva, e cai a flor, porém a palavra de nosso Deus subsiste eternamente" (ACRF).

. . . .

Lição de fé para a minha vida

Hoje e cada vez mais, vemos nossas vidas serem pressionadas por um mundo à nossa volta que busca sucesso pessoal, glória, fama e poder e um padrão de sucesso que não existe sem fama, carro novo, eletrônicos de última geração, roupas caras e por aí vai. Sem perceber entramos neste ciclo pernicioso que cega o nosso entendimento e leva-nos a correr atrás de muitas nuvens, aplicando nossas energias em possuir estes símbolos de estabilidade e felicidade, pois, como o mundo vê, para ser feliz e ter segurança essas coisas são essenciais. A verdade é que a vaidade não é uma exclusividade dos nossos dias, Isaías profetizava às futuras gerações do povo de Deus e em suas palavras demonstra a natureza vaidosa e corrupta do homem em contraste com as verdades infalíveis e eternas da Palavra de Deus. Não aplique todas as suas forças apenas para conquistar aquilo que o mundo lhe mostra como símbolos de sucesso. Essas coisas procedem da nossa vontade corrupta e da vaidade; a ferrugem e o tempo logo os consumirão, e cedo desaparecerão. A segurança do homem está na Palavra do Senhor que subsiste eternamente e que é capaz de preencher todos os anseios do seu coração sem o decepcionar. Nosso corpo é frágil e o nosso tempo aqui na terra logo se extinguirá, mesmo passando por dificuldades, angústias e sofrimentos, podemos ter certeza de que a Palavra de Deus se mantém perpetuamente, Sua verdade redentora não falha e jamais mudará.

Declarando a promessa

Eu declaro que confiarei na Palavra do Senhor, sabendo que é infalível, eterna e verdadeira. Sei que jamais me decepcionarei se aplicar minha confiança em Deus e não em bens ou posição social, pois eles não podem me dar a segurança e a certeza de salvação que tenho em Deus. Mesmo diante de dificuldades e incertezas da vida, depositarei minha esperança na Palavra de Deus; Ele é meu consolo e abrigo; posso orar e sei que ouvirá a minha oração, me socorrerá com Sua forte mão. Tomo para mim a certeza de tempos vindouros de bênçãos em Cristo meu salvador.

Isaías 40.29-31

"Faz forte ao cansado e multiplica as forças ao que não tem nenhum vigor. Os jovens se cansam e se fatigam, e os moços de exaustos caem, mas os que esperam no SENHOR renovam as suas forças, sobem com asas como águias, correm e não se cansam, caminham e não se fatigam" (ARA).

. . . .

Lição de fé para a minha vida

Ao iniciar uma caminhada estamos descansados tranquilos e cheios de vigor, uma mistura de euforia e esperança que nos motiva a ir em frente. Mas ao longo do trajeto sobrevêm as dificuldades e o cansaço natural aparece, obstáculos que surgem e precisam ser superados, as palavras de desânimo proferidas por pessoas próximas nos fazem pensar em desistir. A alegria começa a se tornar desilusão, a satisfação, enfado e as expectativas começam a se diluir. Cada novo passo exige um grande esforço, como se houvesse um grande peso sobre os nossos ombros. Um dito popular diz: "todo peso no início da caminhada é leve". Em nossa vida espiritual às vezes também é assim; no início estamos descansados e cheios de energia, mas vindo os obstáculos e as críticas começamos a cansar, a fatigar com o percurso, mas esta palavra é promessa restauradora: em Deus certamente poderemos correr sem cessar rapidamente, sem cansaço e sem desfalecerem nossas forças. Mesmo que esteja cansado ou desanimado com a caminhada, ore a Deus, pois Ele está pronto a recobrar as suas forças, a vivificá-lo em meio ao cansaço e a elevar-lhe acima das dificuldades. Assim como a águia, que voa segura nas alturas do céu, Ele lhe dará vigor. Lembre-se sempre que Deus está sempre pronto a lhe renovar as forças frente às provações e sofrimentos, e lhe dará o sustento necessário para fazê-lo vencedor.

Declarando a promessa

Estou certo que meu Senhor sempre está pronto a me socorrer, mesmo eu estando cansado, desanimado ou angustiado com os obstáculos que surgem ao longo do meu caminho. Ele é fonte de todo renovo, Nele eu posso descansar e ser elevado acima de todo embaraço. O meu Deus proverá o sustento necessário, renovará as minhas forças e continuamente poderei caminhar sem me cansar. No Senhor ponho a minha esperança, esperarei Nele a minha restauração e o meu renovo.

Isaías 41.10

"Não temas, pois eu sou contigo; não te assombres, pois eu sou teu Deus. Eu te fortalecerei, e te ajudarei; eu te sustentarei com a destra da minha justiça" (EC).

Lição de fé para a minha vida

Enfrentamos situações que nos fazem respirar fundo e todo nosso corpo tremer, o coração acelera e o medo nos atinge em cheio. Não sabemos como proceder e a angústia começa a tomar conta de nossa alma. Nessa luta intensa a única coisa que conseguimos pensar, desde acordar até dormir, é como arrumar uma solução para termos paz. Isaías, o profeta do Senhor, traz uma palavra de segurança ao seu povo, desafiando-o a confiar em Deus. Ele profetiza o escape de seu povo do cativeiro inimigo pelo poder da Sua mão. De fato, cerca de cento e cinquenta anos mais tarde, nasceria um rei, Ciro, que seria o instrumento de Deus para realizar Sua promessa. Observe o cuidado de Deus com os Seus eleitos, Seu amor e a certeza do cumprimento de Sua promessa quando levantou um homem que, ao conquistar um vasto império, estaria libertando e protegendo a Israel. Deus tem meios e formas de realizar Sua vontade; ela sempre se cumprirá. Podemos crer e saber que somos povo escolhido de Deus, nos apropriando de Suas promessas, sabendo que Ele próprio vem em nosso auxílio e provê todos os meios para nos dar o livramento e proteção diante de qualquer situação que esteja à nossa frente. Não existem problemas que o nosso Deus não possa solucionar; andamos seguros em Seus caminhos quando vivemos na direção de Sua Palavra.

Declarando a promessa

Coloco meu coração e confiança no Senhor, não temerei diante das dificuldades e problemas que surgirem diante de mim, pois sei que o meu redentor, o Senhor dos exércitos, o grande general está à minha frente, a minha causa está perante os Seus olhos e Ele mesmo pleiteará por mim. Tomo posse das promessas de vitória para minha vida, pois sei que sou um escolhido de Deus e Seus olhos estão postos em mim diariamente. Ele me dará força e graça diante das dificuldades, me sustendo e ajudando dia após dia. Estou confiante porque o meu Deus está comigo e nenhum mal me alcançará.

Isaías 46.9-10

"Lembrem-se das coisas há muito tempo passadas, pois eu sou Deus, e não existe outro. Eu sou Deus, e não existe outro igual a mim. Eu anuncio desde o começo aquilo que acontecerá depois; desde o passado eu já falava daquilo que ainda não havia acontecido. Eu digo: 'Meu projeto se cumprirá; eu realizarei tudo o que desejo'" (EP).

. . . .

Lição de fé para a minha vida

Ao fecharmos os olhos podemos lembrar as cenas da infância, das histórias vividas, algumas ótimas e outras nem tanto, umas para rir e outras para chorar; certamente todos nós temos algumas coisas que gostamos de lembrar e outras que queremos esquecer. Conhecemos bem nosso passado, mas nosso futuro são projetos, sementes plantadas, que somente o Senhor sabe se florescerão. Mas quando temos experiências com Deus, de Seu milagre e provisão, ainda que o tempo passe, não esquecemos a manifestação sobrenatural que mudou nossa história. Israel experimentou muito do poder libertador de Deus, Seu amor e perdão conduziram a novel nação até fazê-la grande e famosa diante dos reinos da terra. Qualquer que fosse a situação enfrentada no presente eles poderiam olhar para trás e fortalecer a fé pelas experiências vividas ao lado do seu Deus, mas também poderiam acreditar que tanto o presente quanto o futuro estariam debaixo do Seu controle. Assim também geram em nós esperança as experiências que tivemos com o Senhor, Ele tem o controle de todas as coisas, pois não existe outro igual ao nosso Senhor, que anuncia as coisas que estão por vir como se elas já existissem. Ele tem prazer em se revelar e tem um projeto para cada um de Seus filhos; certamente todos os Seus projetos se cumprirão em sua vida.

Declarando a promessa

Declaro que todos os projetos e desejos de Deus para minha vida se cumprirão, eu creio nisso e tomo posse dessa certeza para minha vida. Terei firme em minha mente todas as manifestações de amor e poder que o Senhor realizou em minha história. A minha fé não será enfraquecida e confiarei no Deus que sempre me deu provisão. Sei que nenhum dos planos de Deus será frustrado em minha vida, pois o Senhor tem todas as coisas debaixo do Seu poder e cumprirá em mim o Seu propósito dando-me uma vida de vitória.

Isaías 53.4-5

"Verdadeiramente ele tomou sobre si as nossas enfermidades, e carregou com as nossas dores; e nós o reputávamos por aflito, ferido de Deus, e oprimido. Mas ele foi ferido por causa das nossas transgressões, e esmagado por causa das nossas iniquidades; o castigo que nos traz a paz estava sobre ele, e pelas suas pisaduras fomos sarados" (VR-MTHG).

Lição de fé para a minha vida

O brilho nos olhos se foi, os dias tornaram-se semanas; sofrimento e dor, ansiedade, angústia desesperança estão ao seu lado, seu corpo se desfaz e sua carne constantemente é afligida por dores; seu espírito abatido o faz murmurar dia e noite, a saúde o abandonou. Quanto sofrimento há no coração daqueles que não mais possuem saúde em seus corpos? Como é possível medir o tamanho de sua dor? Quem passa por esta situação sabe quanta agonia está no coração pela busca da cura para a enfermidade. Uma agonia que tenta desestimular da caminhada, furtar a esperança e a fé, uma luta diária na mente, uma constante batalha que exaure as forças e destroem sonhos e planos do homem. Isaías profetiza sobre Cristo, que sem mancha, imperfeição ou culpa, voluntariamente assumiu nosso lugar, e tomou sobre si o castigo, as dores que nos pertenciam. Deus conhece o seu sofrimento, sabe o limite de suas forças e não lhe deixará entregue ao sofrimento. Jesus morreu para que tivéssemos vida; não existe mal que Ele não possa curar ou enfermidade que não possa sarar. Apenas devemos nos manter firmes, confiantes em Deus, sem murmurar ou duvidar, vivendo a certeza de que, no momento oportuno, Dele virá o socorro, a cura.

Declarando a promessa

Sobre minha vida está estabelecida a promessa de cura e restauração de todos os males causados pelo pecado. Por meus pecados Cristo foi crucificado e por minha causa se entregou levando toda enfermidade e dor sobre Si. Pelo sacrifício de Jesus eu sou sarado, essa é a promessa que faz a diferença na minha vida. Não viverei aflito e não temerei nenhuma sorte de enfermidade, mas a cada dia anunciarei a graça e o poder restaurador da cruz. O meu Senhor sarou as feridas mais profundas da minha alma e me fez livre para viver e conquistar o melhor dessa vida.

Isaías 55.11-13

"Assim será a palavra que sair da minha boca: não voltará para mim vazia, mas fará o que me apraz e prosperará naquilo para que a designei. Saireis com alegria e em paz sereis guiados; os montes e os outeiros romperão em cânticos diante de vós, e todas as árvores do campo baterão palmas. Em lugar do espinheiro, crescerá o cipreste, e em lugar da sarça crescerá a murta; e será isto glória para o SENHOR e memorial eterno, que jamais será extinto" (ARA).

Lição de fé para a minha vida

Esta palavra à nação de Israel é um convite a todos que abandonaram a Deus e a Sua justiça a voltarem para o Seu caminho. Deus estava dando uma nova oportunidade a nação para estar debaixo das Suas bênçãos, usufruindo todas as Suas promessas. Durante a caminhada cristã, com base nas palavras do Senhor que florescem em nossos corações, construímos planos e empenhamos esforços, mas o tempo passa, a demora traz dúvida e aos poucos vemos o que era uma certeza se diluir como fumaça ao vento. Aos nossos olhos algumas promessas de Deus parecem demorar, mas todas elas têm um tempo determinado para acontecer e irão se cumprir. A manifestação da bênção de Deus sobre nossa vida é glória para o próprio Deus e nós somos abençoados. Não se deixe vencer pelo tempo, nem desanime com a promessa que ainda não chegou, talvez seja a prova da paciência o maior obstáculo a ser vencido pela fé. Nada pode tirar a sua certeza que a bênção virá, pois Deus é fiel para cumprir a Sua palavra.

Declarando a promessa

Estou debaixo das promessas de Deus e sei que no devido tempo elas se cumprirão; declaro que confiarei e esperarei pelo seu cumprimento, na certeza que verei toda palavra do Senhor se realizar em minha vida. Meus olhos verão Deus agir em meu favor transformando todo meu ser, mudando minha história. Não desistirei de esperar, nem desanimarei, pois sei que Deus tem um tempo certo para realizar todas as coisas e minha confiança está no Senhor. Viverei em paz e alegria e isso será um testemunho diante dos homens, pois todos verão e glorificarão ao Senhor pelo cumprimento de Suas promessas em mim.

Isaías 64.4-5

"Desde a antiguidade não se ouviu, nem com ouvidos se percebeu, nem com os olhos se viu um Deus além de ti, que trabalhe para aqueles que nele esperam" (EC).

Lição de fé para minha vida

A reveladora oração de Isaías mostra a grandeza de um Deus soberano que ultrapassa todo racionalismo, conhecimento e sabedoria humana, ao mostrar-se cuidadoso com o homem, a obra-prima de Suas mãos. Muitos, ao serem confrontados com as promessas do Senhor, sentem-se confusos, pois não conseguem vislumbrar a grandiosidade das obras de Deus; antes procuram fórmulas e justificativas alicerçadas na capacidade humana do racionalismo, tornando-se alvos para a dúvida que os induz a andarem guiados pelo que se pode ver e apalpar. Mas os que servem a Deus não estão presos aos limites que foram estabelecidos pela mente humana; aprenderam que o justo vive pela fé. É pela fé que entendemos e aceitamos a promessa de que Deus trabalha a nosso favor; e por esta razão, aprendemos a esperar pacientemente pela Sua ação. Não confiamos em nossa própria força nem desfalecemos na hora da dificuldade. Não é fácil esperar em Deus, principalmente quando somos afligidos por constantes perseguições e ameaças. Mas esse tempo de espera é a circunstância onde está sendo forjada a fé; é também onde o caráter vai sendo aprimorado. Ao passar por momentos conturbados, onde as muitas incertezas e obstáculos parecem nos empurrar para um caminho precipitado, mantenha-se firme e espere a salvação do Senhor. Pois somente os que esperam, alicerçados na fé, poderão estar contemplando o milagre da provisão de Deus.

Declarando a promessa

Estarei descansando tranquilo, sabendo que minhas causas são assistidas pelo meu Senhor, pois o meu Deus trabalha em meu favor. Não permitirei que o racionalismo me roube a convicção de que não existem limites para o Seu poder. Mesmo que ao meu lado se multipliquem as palavras de desesperança e incredulidade, no meu coração haverá paz e certeza, pois enquanto eu descansar em Deus verei sempre a Sua mão atuar em meu benefício. Minha confiança eu deposito apenas no meu Deus, pois Nele sei que minha espera jamais será em vão e nunca irei ser envergonhado.

Jeremias 7.23

"Mas o que ordenei foi que me obedecessem, de modo que eu seria o Deus deles, e eles seriam o meu povo. Disse que vivessem sempre como eu tinha mandado, para que tudo corresse bem para eles" (BLH).

. . . .

Lição de fé para a minha vida

O relacionamento com Deus é dimensionado pela obediência às Suas leis. Todo relacionamento tem como base a fidelidade; ela é o ponto-chave para fortalecer qualquer amizade. Em nosso dia-a-dia nos relacionamos com pessoas que nem conhecemos, muitas delas passageiras em nossa vida. Mas quando se trata de relacionamento com Deus, não podemos fazê-lo superficialmente, porque Deus é santo e não podemos manter um relacionamento com Ele sem buscarmos pela santidade que O envolve. Por isso, Deus elaborou leis que apagariam os pecados dos homens e outras que direcionariam seus passos, para não se afastarem de Sua presença. A obediência dessas leis era a fidelidade que Deus esperava de Seu povo para fortalecer seu relacionamento. Por outro lado, a quebra de Suas leis não significava somente o romper da comunhão, mas colher as consequências trágicas para aqueles que, conhecendo as leis divinas, resolveram quebrá-las. O lamento de Deus através do profeta Jeremias é pelo sofrimento de um povo que rejeitou a Sua Palavra e resolveu andar em seus próprios caminhos. Deus, porém, não agiria sem que antes um genuíno arrependimento chegasse ao coração do povo e a lição fosse aprendida. Nosso relacionamento com Deus é forjado na obediência e o Seu coração se entristece quando nos desviamos de Sua vontade. O Seu grande amor está pronto a nos acolher quando voltamos a confiar Nele. Lembre-se que o melhor caminho para a realização dos seus sonhos é dentro da vontade de Deus; fora Dele só há decepção. Permaneça fiel ao Senhor e Ele concederá o desejo do seu coração.

Declarando a promessa

Seguirei vitorioso em meu caminho e nenhum inimigo poderá me deter. Estou alicerçado na Palavra de Deus e permanecerei fiel às Suas leis, elas me farão prosperar por onde for. Ainda que venham colocar armadilhas para deter os meus passos meu Deus me protegerá e me dará segurança. Serei sempre bem-sucedido por causa da fidelidade do Senhor; minha obediência à Sua Palavra fará Sua vontade governar a minha vida, o sucesso e a vitória me acompanharão e Deus será glorificado.

Jeremias 17.7-10

"Bendito o homem que confia no SENHOR e cuja esperança é o SENHOR. Porque ele é como a árvore plantada junto às águas, que estende as suas raízes para o ribeiro e não receia quando vem o calor, mas a sua folha fica verde; e, no ano de sequidão, não se perturba, nem deixa de dar fruto. Enganoso é o coração, mais do que todas as coisas, e desesperadamente corrupto; quem o conhecerá? Eu, o SENHOR, esquadrinho o coração, eu provo os pensamentos; e isto para dar a cada um segundo o seu proceder, segundo o fruto das suas ações" (ARA).

Lição de fé para a minha vida

Israel vivia tempos onde o pecado abundava; a maldade e a idolatria se multiplicavam a tal ponto, que estavam arraigados, fazendo parte do seu dia-a-dia. Os homens eram altivos, confiavam em si mesmos, ouvindo apenas seus desejos e ignorando a voz de Deus. Imagine duas plantas em seu jardim; uma é regada diariamente; é verde, viva e está sempre florida; a outra não recebe água; logo ela murcha e morre. Assim como as flores que são regadas e mantêm-se sempre verdes e belas é a vida daquele que coloca sua confiança no Senhor e não apenas em sua capacidade. Ao passar por períodos difíceis, de longa estiagem, onde o calor e a seca castigam o ânimo e põe à prova sua fé, onde as adversidades tentam lhe tomar à frente e caminhar segundo seu próprio entendimento, lembre-se que Deus observa as suas necessidades e conhece o desejo do seu coração. Às vezes não conseguimos discernir os nossos anseios, mas o Senhor conhece o que está em nosso coração; em todo o tempo está pronto a nos fazer frutificar, assim como uma árvore plantada à beira de muitas águas. Ao colocarmos nossa confiança somente em Deus, temos também a certeza de ver nossa vida prosperar.

Declarando a promessa

Sou bendito porque confio totalmente no Senhor; Nele coloco minha esperança e sei que jamais me decepcionarei. Não temerei o tempo de sequidão e estiagem, tenho as raízes da minha fé plantadas junto às águas do Espírito de Deus, sendo a minha vida próspera e frutífera no Senhor. Não andarei segundo minhas próprias forças, antes prosseguirei e perseverarei em fé no meu Deus, serei abençoado em todo o tempo, pois deposito Nele a confiança.

Jeremias 23.23

"Sou eu apenas Deus de perto, diz o SENHOR, e não também Deus de longe?" (ARC).

Lição de fé para a minha vida

A promessa contida nesse verso está na certeza de que Deus tem Seus olhos em todas as partes da terra. Ele observa tudo que fazemos onde quer que estejamos. Essa afirmação de Deus é para garantir aos homens que falam a mentira e maquinam o mal contra seu próximo que não ficarão impunes e, embora estejam vivendo em aparente sossego, o castigo divino não tardará. Essa expressão também mostra àqueles que, sujeitos às maldades dos homens, sentem que Deus não contempla seu sofrimento, como se Ele estivesse ausente e estático à dor humana. De uma forma ou de outra, cada um de nós já viveu essa experiência; já fomos decepcionados, surpreendidos por pessoas e situações que nos deixaram sem chão, em todas as direções que olhávamos não víamos nenhuma saída. Nessa hora nos perguntamos: Onde está Deus? Quando Ele exercerá Sua justiça? Deus está sempre perto e de olhos aberto a tudo que acontece; Ele não está presente somente quando Lhe prestamos culto e adoração, tampouco está restrito a atuar nos limites de um altar ou santuário. Deus está em todo lugar e não permitirá que nenhuma ação maldosa passe sem correção, também não deixará de socorrer ao que está com sua alma aflita. Lembre-se que o Deus que cuida de você está presente em sua vida onde você estiver e que nada foge ao seu conhecimento; ao primeiro tremor do seu coração Sua mão já se estende para acalmá-lo, embora o embaraço de uma tristeza lhe impeça de vê-lo, creia, Ele está ao seu lado.

Declarando a promessa

Eu tenho os olhos de Deus sobre a minha vida, eles contemplam as minhas necessidades e me trazem a salvação do meu Senhor. Aqueles que tramam contra mim serão frustrados e derrotados, o Senhor não os deixará impunes pelas suas maldades. O meu Deus está sempre perto de mim, ainda que tribulações me roubem o fôlego, não perderei a minha fé, pois o meu Senhor está ao meu lado para me dar ânimo e renovar as minhas forças.

Jeremias 24.7

"Darei a todos eles corações que saibam Me reconhecer como SENHOR. Eles serão o meu povo, e Eu serei o seu Deus, porque voltarão a me obedecer de todo o coração" (VIVA).

. . . .

Lição de fé para a minha vida

Eis uma promessa de restituição e restauração, que aponta para dias vindouros, onde a nação desterrada de Israel retornaria à sua terra e nela seria novamente edificada. Os pecados praticados pela nação de Israel a fez viver tempos conturbados e distantes da presença de Deus. O coração em pecado ficou adormecido para Sua voz e insensível à Sua vontade, foram desterrados como consequência de suas próprias ações. Mas Deus não os deixaria para sempre numa terra estranha, antes tem prazer em lhes perdoar os pecados e lhes prometer um tempo de glória e alegria. O mesmo Deus que agiu com justiça e amor com o povo de Israel continua vivo e imutável, Sua vontade se mantém perpetuamente, Ele jamais mudará o Seu desejo é, e sempre será, que todos os homens tenham uma vida cheia de vitórias, desfrutando da plenitude de Sua bondade na Sua presença. Ele quer que nós possuamos um coração sensível à Sua vontade, pronto a obedecer. Não há limites para atuação de Deus, tudo é possível para aqueles que permitem que o Senhor faça morada em seus corações e obedecem à Sua Palavra. Não importa o quanto alguém tenha andado aprisionado por se desviar dos caminhos de Deus. O Senhor tem para todos a palavra de perdão e salvação, o direito à Sua promessa é para todo aquele que deseja um retorno à obediência, convertido de todo coração à Sua vontade.

Declarando a promessa

Declaro que meu coração e minha mente pertencem ao Senhor, estou em Sua presença e ando segundo a Sua vontade, vejo em minha vida o Seu agir, Ele é o meu Deus e eu sou parte de Seu povo e desfruto de todas as Suas bênçãos, as promessas da Sua Palavra se realizarão em minha vida. Não sou refém de cativeiros nem ao menos ando em caminhos tortuosos e obscuros, antes, habito na presença do meu Deus, conheço e reconheço o meu Senhor, pois obedeço à Sua Palavra, e viverei de acordo com Sua vontade em todo o tempo.

Jeremias 29.11-12

"Porque sou eu que conheço os planos que tenho para vocês", diz o Senhor, "planos de fazê-los prosperar e não de lhes causar dano, planos de dar-lhes esperança e um futuro. Então vocês clamarão a mim, virão orar a mim, e eu os ouvirei" (NVI).

. . . .

Lição de fé para a minha vida

O bondoso Deus revela a Seu povo a intenção de prosperidade e comunhão, palavras sublimes de um futuro glorioso em Sua presença. Todos nós possuímos planos, desejos em anseios que certamente são alvos de muito esforço e preocupação. Muitos aplicam toda uma vida a buscar a realizar esses sonhos, dia após dia planejam e meditam sobre eles, é a esperança de dias melhores, onde a felicidade seria abundante e plena. Sonhar, planejar o futuro, é algo bom, que deve ser praticado por todos, mas às vezes estamos sujeitos a imprevistos e até mesmo ao fracasso. Quando isso acontece, a tristeza e o desânimo tentam frustrar toda a expectativa no futuro. Deus também tem Seus sonhos e planos e eles não podem ser frustrados. Ele fará o que necessário for para que sejamos abençoados e felizes em Sua presença, que haja prosperidade e plenitude de vida para nós. Os planos dos homens podem falhar, mas em Deus sabemos que temos a garantia de sucesso. Para todo o homem a certeza de ver seus sonhos se realizarem deve ser simplesmente: "Sonhar os sonhos de Deus". Ele anseia que não tenhamos medo de querer a Sua vontade, tomando para nós mesmos aquilo que foi preparado em Seu coração. Os planos de Deus são perfeitos, profundos e completos, e têm a garantia Dele de prosperidade e vitória para todo aquele que crer.

Declarando a promessa

Eu abro mão dos meus sonhos e planos para sonhar junto com o meu Deus aquilo que está em Seu coração. Meus planos são aqueles que o meu Deus colocar diante de mim para executar porque assim tenho a certeza de vitória. Sou abençoado por desfrutar da certeza que o Deus altíssimo sonha coisas lindas para mim, que sou alvo dos Seus maravilhosos e perfeitos planos. Sou próspero e ando em Sua presença, minhas orações e meu clamor são ouvidos pelo meu Deus, tenho esperança em um futuro glorioso no meu Senhor, pois Dele recebi a promessa em meu coração.

Lamentações 3.22-23

"As misericórdias do SENHOR são a causa de não sermos consumidos, porque as suas misericórdias não têm fim; novas são cada manhã; grande é a tua fidelidade" (ARC).

. . . .

Lição de fé para a minha vida

Jeremias passava por momentos de solidão e dor; preso e acorrentado, sentia-se sozinho. No entanto, ele sabia que o Senhor não o deixaria passar o que não pudesse suportar. Sua confiança em Deus o faria vencer todo o sofrimento, pois acreditava que assim como a noite é passageira e o dia desponta com o raiar do sol, a bondade de Deus renovaria suas forças e removeria sua tristeza. Nem sempre é claro a razão de passarmos por tantas situações difíceis; às vezes Deus nos está aperfeiçoando, moldando-nos para nos capacitar a enfrentar o que há de vir. Outras vezes sofremos simplesmente como parte do caminho que temos a seguir, assim como somos obrigados a passar por uma ponte, se queremos atravessar um rio, alguns desafios fazem parte naturalmente da nossa vida. Todavia, o profeta tem a certeza que os pecados geram sobre nossas vidas consequências drásticas; não somos destruídos pela ira de Deus, porque a Sua misericórdia nos protege e nos dá nova chance a cada manhã. Algumas situações nos deixam desanimados, sem esperança, como um forte vento que passa, desmontam nossas estruturas e nos tiram a coragem de recomeçar, de reconstruir o que foi destruído. Esse é o momento que a promessa de Deus se cumpre sobre nossa vida, pois Ele garante um renovo pela manhã. O Senhor é bom e Suas misericórdias duram para sempre! Seja perseverante como Jeremias, mesmo na prisão e na dor, jamais se esqueça que o amor e cuidado de Deus lhe conduzirão a uma saída vitoriosa.

Declarando a promessa

Sou renovado pela misericórdia do meu Deus todas as manhãs; não permitirei que o desânimo roube a minha esperança de fazer novas conquistas todos os dias. Buscarei nas dores e aflições aprendizado e amadurecimento, pois o Senhor me ensina não só na abundância e alegria. O Senhor é fiel para cumprir todas as Suas promessas sobre minha vida, nenhuma situação que tenha aparência contrária me surpreenderá; Ele me dará forças renovadas para superar os obstáculos e me fará triunfar por Sua grande misericórdia.

Ezequiel 16.60

"Contudo eu me lembrarei da minha aliança, que contigo fiz nos dias da tua mocidade, e estabelecerei contigo uma aliança eterna" (ECA).

Lição de fé para a minha vida

Jerusalém é a cidade que Davi escolheu para reinar e construir o santuário para adoração a Deus. O templo ali construído trazia todas as tribos de Israel para adoração ao Senhor, a cidade tornou-se símbolo de um lugar santo e habitação de Deus. Por muitas vezes os reis que sucederam a Davi deixaram de servir a Deus para servir os deuses que as nações vizinhas adoravam. A aliança feita com Deus foi muitas vezes quebrada, o castigo por essa desobediência era o desterro; o exílio permitido por Deus tiraria Seu povo da terra que havia lhes dado por herança. Apesar do homem abandonar Suas leis e quebrar Sua aliança, a fidelidade e o amor de Deus não lhe permitiria deixar Seu povo no esquecimento. Ele o resgataria e o traria de volta à sua terra por amor à Sua aliança. Como homens esquecemos das promessas e alianças que fazemos, mas Deus não desonra Sua palavra; Ele permanece fiel, mesmo diante da nossa infidelidade. Você pode ter quebrado sua aliança com Deus, está longe de Sua presença, seu coração pode estar sofrendo um exílio de sua vontade e perdão, e não lembra mais como era doce a presença do Senhor em sua vida. Mas Ele não esqueceu a aliança e busca sua restauração com desejo de que ela seja eternizada em Jesus Cristo. Toda aliança nesse mundo é passageira, mas com Deus podemos ter uma aliança eterna, que nos conduzirá para os Seus braços para todo o sempre.

Declarando a promessa

Tenho uma aliança com o meu Deus, estou firmado nela e não permitirei que seja quebrada. Mesmo que eu venha a tropeçar, não ficarei longe do meu Senhor nem deixarei meu coração exilado de Sua vontade. Com o meu Deus tenho firmado uma aliança eterna pelo sacrifício de Jesus por mim; Ele me garante uma salvação eterna. Nenhum adversário pode romper minha aliança com o Senhor, buscarei ser fiel a Ele e não trocarei Seu favor pelas falsas alegrias e glórias que o mundo pode dar. Cumprirei minha aliança e mostrarei ao mundo que o Senhor é fiel e que a Sua Palavra é eterna.

Ezequiel 36.33-36

"Assim diz o SENHOR Deus: 'No dia em que eu vos purificar de todas as vossas iniquidades, então, farei que sejam habitadas as cidades e sejam edificados os lugares desertos. Lavrar-se-á a terra deserta, em vez de estar desolada aos olhos de todos os que passam. Dir-se-á – Esta terra desolada ficou como o jardim do Éden; as cidades desertas, desoladas e em ruínas estão fortificadas e habitadas. Então, as nações que tiverem restado ao redor de vós saberão que eu, o SENHOR, reedifiquei as cidades destruídas e replantei o que estava abandonado. Eu, o SENHOR, o disse e o farei'" (ARA).

Lição de fé para a minha vida

Quando Israel deixou de adorar a Deus, caindo nas práticas pagãs, a sua sentença já estava lançada. Maldições iriam assolar a terra por causa do afastamento da bênção de Deus. Por algumas vezes sofreram sítio dos povos inimigos e terminaram como escravos em terras distantes. As muralhas de Jerusalém foram derrubadas, os seus portões queimados e arrancados. A terra desolada parecia nunca se recuperar, tamanha foi a violência. Mas a bondade de Deus vai além da arrogância humana. Não deixaria seu povo em miséria e ruínas. O profeta anuncia: "O Senhor vai restaurar a sorte do Seu povo, quando o purificar. A terra assolada se tornará como o jardim do Éden em sua criação". Isso me faz pensar em quanta terra de nossa vida o inimigo já destruiu. Das coisas que olhamos para trás e achamos impossíveis de serem recuperadas. Quanta coisa deixada em desolação! Mas o Senhor tem anunciado um tempo de restauração do que foi destruído, de retorno ao melhor da terra. Isso é promessa para sua vida, não perca a esperança. Se hoje as terras estão destruídas, aguarde a restauração e veja a bênção de Deus florescer nos frutos de sua terra.

Declarando a promessa

Declaro que todas as áreas da minha vida serão visitadas pelo Senhor e restauradas para a Sua glória. O que os meus olhos veem agora são apenas sombras da prosperidade que o Senhor trará sobre mim; não me deixarei abater pelo que diz o inimigo e a afronta não achará lugar em meu coração. Vivo as promessas de Deus e sei que elas me alcançarão e todos saberão quem é o Senhor, pois Sua glória estará sobre mim. Não tardará a visitação de Deus em minha vida!

Daniel 2.21-22

"É ele quem faz mudar os tempos e as estações, é ele quem põe os reis no poder e os derruba; é ele quem dá sabedoria aos sábios e inteligência aos inteligentes. Ele explica mistérios e segredos e conhece o que está escondido na escuridão, pois com ele mora a luz" (BLH).

Lição de fé para a minha vida

Um pesadelo terrível havia tirado o sono e a alegria do rei da Babilônia, Nabucodonozor. Tamanha foi sua agonia que o tormento do sonho permanecia em seu coração, embora sua mente não guardasse a lembrança dos fatos que o fizeram tremer. Preocupado e atormentado, ele busca nos sábios do seu reino alguém que pudesse trazer de volta o sonho e a sua interpretação. Como sua agonia continuasse, o rei, que não obteve resposta dos seus sábios, deu ordens para que todos fossem mortos. Daniel era um dos sábios, e diante do perigo de morte busca uma resposta em Deus, e o Senhor lhe revela o sonho e a sua interpretação. O que Daniel declara sobre Deus nesses versos é promessa que se cumpre em sua vida em todo o seu ministério. Deus revela os segredos mais profundos, pois com Ele está a luz. Algumas situações nos causam muito embaraço, desânimo e roubam a nossa paz. O desconhecido assusta e nos deixa acuados, sem liberdade. Mas o nosso Deus é Senhor de todas as coisas, não há nada oculto para Ele. Não devemos ter medo do que virá, seja o que for, pois Deus tem o controle e não nos deixará sem proteção. Que diante do desconhecido você encontre na revelação de Deus o conforto e segurança para andar cada passo da sua vida em perfeita paz.

Declarando a promessa

Eu não temerei o futuro, nem palavras ou pensamentos que venham roubar a minha paz quanto ao que virá acontecer na minha vida. Deus me conduzirá por um lugar seguro e me mostrará onde devo pisar. Ele não deixará nada oculto aos meus olhos e me dará conforto para eu passar pelos vales e sombras que estejam por vir. O meu Deus é fiel, tirará toda angústia do meu coração e me fará sobressair aos meus adversários. Não temo nenhum sonho ruim, pois é Deus quem prepara o meu caminho; Ele me fará prosperar por onde eu andar!

Daniel 6.27

"Ele livra e salva; opera sinais e maravilhas no céu e na terra. Ele livrou Daniel do poder dos leões" (EC).

. . . .

Lição de fé para a minha vida

Dario governava o império Persa e vira o poder de Deus na vida de Daniel quando o livrou da cova dos leões. É de sua boca que sai a promessa que já havia sido experimentada por Daniel: "Deus livra e salva; opera maravilhas no céu e na terra". O livramento de Deus pode ser visto nas circunstâncias que tentam se estabelecer em nossa vida para nos derrotar. São obstáculos colocados em nosso caminho para nos derrubar. Deus tem nos livrado de acidentes, assaltos, enfermidades, falsos conselhos e muitas outras situações que nem sempre percebemos. Mas às vezes Ele permite que enfrentemos mais de perto uma prova, Ele não nos livra de uma derrota aparente, mas permite que sejamos grandemente provados. Foi nesse extremo que a coragem de Daniel foi testada e o poder de Deus foi evidente. Ele poderia ter impedido Daniel de ser lançado na cova dos leões, mas permitiu, e lá na cova operou maior milagre. Ele não livrou Daniel de entrar na cova, mas o salvou da boca dos leões! Em nossa vida Deus também trabalha assim; não entendemos passar por algumas aflições, que julgamos, poderiam ser impedidas por Deus. Claro que Deus pode nos livrar de passarmos por algumas provas, mas as que Ele nos permite viver é para crermos no milagre maior que irá acontecer. Afinal, sem entrar na cova ele não poderia ter a companhia de um anjo durante toda a noite, não haveria também um rei que levou um império a honrar a sua fé e dar glórias ao seu Deus, e nós não teríamos tão bela história para aquecer a nossa fé.

Declarando a promessa

Eu declaro que Deus me concederá livramento de toda investida do inimigo, nada me trará medo ao coração, pois sei que a minha vida está guardada no poder do Senhor. Não importa os infortúnios que passar, as situações contrárias em minha vida serão passageiras, pois na prova final o anjo do Senhor se porá ao meu lado para defender a minha vida. Deus me livrará da morte tramada e do inimigo que vive à minha espreita; Ele é o Deus que opera maravilhas em mim, não serei derrotado!

Oseias 14.4

"Eu curarei a infidelidade deles e os amarei de todo o meu coração, pois a minha ira desviou-se deles. Serei como orvalho para Israel; ele florescerá como o lírio. Como o cedro do Líbano aprofundará suas raízes; seus brotos crescerão" (NVI).

Lição de fé para a minha vida

A fidelidade a Deus pode ser resumida na Bíblia como "obediência". Não há sacrifícios, orações, promessas, cânticos ou outra coisa que mova mais o coração de Deus que a obediência à Sua Palavra. Israel havia desobedecido à Palavra de Deus; quebrou uma aliança e foi infiel. Deus permitiu que por um tempo eles fossem castigados, para entenderem e se arrependerem do erro. O arrependimento sempre aplaca a ira de Deus; Seu infinito amor não Lhe permite abandonar em desgraça a obra maior e mais amada da Sua criação, o homem. Às vezes pensamos que Deus só nos ensina com a disciplina do sofrimento, mas isso não é verdade. Ele também ensina com o amor; Sua demonstração de amor constrange o coração do homem mais infiel e o traz de volta para os Seus braços, pois Seu amor é irresistível para quem O encontra. Que grande promessa nos cerca ao vermos que a ira de Deus dura pouco; ela logo se retira para dar lugar à restauração. Se experimentar um tempo de infidelidade, não se veja menos do que você é: alvo do amor, perdão e restauração de um poderoso Deus que deseja tê-lo novamente em Seus braços.

Declarando a promessa

Serei fiel ao Senhor andando em Seus caminhos, não me desviarei das Suas leis e buscarei cumprir a Sua Palavra. O Senhor retirou de mim a Sua ira e cobriu as minhas transgressões com o Seu amor, firmou os meus pés na terra e me fará prosperar em Seus caminhos. Não encobrirei Dele os meus erros, pois conheço a Sua misericórdia e sei que pouco dura a Sua ira. Ele me colocará em um lugar de segurança e regará a sedenta terra do meu coração com o Seu amor. Amo ao Senhor porque perdoou os meus pecados e me deu a promessa de ser vitorioso. Pela promessa do meu Deus, declaro que minhas raízes serão profundas e prósperos serão os meus frutos.

Joel 2.18-19

"Então, o SENHOR se mostrou zeloso da sua terra, compadeceu-se do seu povo e, respondendo, lhe disse: 'Eis que vos envio o cereal, e o vinho, e o óleo, e deles sereis fartos, e vos não entregarei mais ao opróbrio entre as nações'" (ARA).

Lição de fé para a minha vida

Joel exerceu seu ofício profético em um tempo desconhecido, mas sua palavra impactou a nação de Israel, pois ele é citado nas páginas do Novo Testamento. Como profeta ele está levantando sua voz e conclamando seu povo para uma ação coletiva de súplicas e jejum a Deus. A terra estava perto de ser consumida por gafanhotos, uma ilustração dos inimigos que estavam por vir. Somente a intervenção do Senhor poderia mudar a história de Israel; mas Deus não viria socorrer o Seu povo se ele não tivesse seu coração totalmente voltado para Sua presença. A ação de Deus tem como promessa Seu zelo pela terra e fartura na semeadura do Seu povo. Mais que uma promessa, este texto nos ensina um caminho para alcançar o coração de Deus e transformar sinais de tragédias em grandes vitórias. Pois face ao mal que estava vindo, a situação foi contornada por Deus por causa do clamor e do jejum do Seu povo. Oração e jejum, para alguns está fora de moda, mas grandes viradas foram dadas e ainda são dadas na vida dos que servem a Deus, através de oração e jejum. Diante de rumores e situações adversas, faça prova dessas duas armas que, com toda a certeza, movem o coração de Deus e O faz vir em nosso socorro, dando-nos a vitória.

Declarando a promessa

O Senhor ouvirá as minhas orações e virá ao meu socorro quando eu clamar por Ele. Fará desaparecer toda afronta contra mim e destruirá os meus inimigos. Apresentarei ao Senhor jejuns e orações, alcançarei o Seu coração, por isso me responderá e não me deixará sob a opressão do inimigo. Tenho encontrado segurança no Senhor e tudo que fizer, prosperarei. A terra que o Senhor tem me dado está debaixo de Suas bênçãos, o que eu plantar colherei em abundância.

Joel 2.28-29

"E acontecerá, depois, que derramarei o meu Espírito sobre toda a carne; vossos filhos e vossas filhas profetizarão, vossos velhos sonharão, e vossos jovens terão visões; até sobre os servos e sobre as servas derramarei o meu Espírito naqueles dias" (ARA).

Lição de fé para a minha vida

"Naqueles dias" é uma referência ao derramamento do Espírito Santo, após a ascensão de Jesus. A vinda do Espírito Santo selava a promessa de uma companhia constante para quem serve a Deus. O sinal dessa vinda e que inauguraria esse novo tempo era a Sua manifestação na vida dos homens. Debaixo desse poder sobrenatural os homens fariam coisas incomuns e seriam preparados para levar o evangelho de Jesus a toda a terra. A obra do Espírito Santo está viva entre o povo que serve a Deus no mundo. No meio do povo de Deus, Ele se manifesta com dons, milagres e cura. No mundo Ele trabalha no coração do homem pecador para convencê-lo dos seus pecados e se arrepender, entregando sua vida ao senhorio de Cristo. Muitas promessas se cumprem, marcam sua época e desaparecem na história, mas essa não. O Espírito Santo age continuamente, está ativo, trabalhando a nosso favor e nos enchendo do poder divino. Ser cheio do Espírito Santo não é privilégio de alguns, mas é dádiva a todo crente em Jesus, basta buscá-lo com total dependência de Deus, pois o Espírito Santo é a companhia que Jesus deixou para nos guiar. Ele é um ser pessoal, que busca relacionamento com aqueles que pertencem a Deus. Busque sempre a orientação e dependência do Espírito Santo para tudo que fizer, e verá que forças novas irão tomar sua vida; você irá conquistar toda sorte de bênçãos que Deus já reservou para você.

Declarando a promessa

O Espírito Santo está sobre a minha vida para conduzir os meus passos e me encher da glória de Deus. Ele me concederá todos os dons necessários, para que eu possa servir melhor ao Reino de Deus. Não deixarei no coração pecados que venham entristecer o Espírito Santo, eu os confessarei e os deixarei, pois o sobrenatural de Deus fará parte de minha vida. Em todo o tempo terei a companhia do Espírito Santo e Dele não me afastarei. Debaixo de Sua unção e poder eu vencerei minhas batalhas e glorificarei a Deus.

Amós 9.14-15

"Mudarei a sorte do meu povo de Israel; reedificarão as cidades assoladas e nelas habitarão, plantarão vinhas e beberão o seu vinho, farão pomares e lhes comerão o fruto. Plantá-los-ei na sua terra, e, dessa terra que lhes dei, já não serão arrancados – diz o SENHOR, teu Deus" (ARA).

Lição de fé para a minha vida

As cidades assoladas são lembranças de um castigo alcançado por causa da desobediência à Palavra de Deus. Sua reconstrução está agora decretada como promessa, o que é resto de construções e campos destruídos terão nova vida quando o Senhor mudar o cativeiro do Seu povo. É muito importante observar que a promessa fala que as cidades só seriam reconstruídas quando o povo mudasse de vida. É a mudança de vida que estabelece o cumprimento da promessa. Fico imaginando quantas coisas seriam perdidas se a nação não encontrasse o caminho do arrependimento. Grande parte das promessas na Bíblia estão relacionadas à postura do homem em relação a Deus, ou seja, estão condicionadas à obediência a Ele. Por isso, cada promessa pode ter o mesmo valor em nossos dias, pois a obediência continua sendo a chave que abre todas as portas para o nosso sucesso. Talvez exista em sua vida muita coisa para ser reconstruída, áreas que foram afetadas por causa dos seus pecados, ou simplesmente porque algumas coisas não saíram como planejadas. Se você deseja que a promessa de restauração seja estabelecida em sua vida, volte seus passos para o Senhor, confie sua vida a obedecer a Palavra Dele. Você terá o bom alimento da terra e o que Deus lhe dará ninguém poderá mais tirar de você.

Declarando a promessa

Declaro que a promessa de restituição mudará a minha vida e me fará prosperar sobre a terra. Os meus caminhos estão voltados para Deus, pois o Senhor direciona todos os meus passos. Os meus sonhos não irão perecer e nenhuma área de minha vida ficará desolada e destruída. Eu ouço a voz do Senhor, e tão logo percebo o caminho errado, volto para a Sua face com alegria no coração. Tenho sobre mim a palavra de restituição e prosperidade; o meu cativeiro foi removido pelo Senhor, viverei na certeza do cumprimento de Sua promessa em minha vida.

Obadias 1.17

"Mas Jerusalém se tornará um refúgio, um lugar de livramento. O povo de Israel voltará a ocupar a terra prometida" (VIVA).

. . . .

Lição de fé para a minha vida

O território que Israel tomou posse foi sendo diminuído com o passar do tempo. Teve consolidação e crescimento no tempo do rei Davi e de seu filho Salomão. Mas com a quebra da aliança que o povo fez com Deus, vários povos vizinhos atacaram Israel com guerras e saques, até que surge o cativeiro da nação que já estava dividida em dois reinos, Judá ao sul, e o restante das tribos misturadas ao norte, que permaneceram debaixo da bandeira de Israel. Israel foi disperso e boa parte do povo foi cativo para a Assíria. Mais tarde foi a vez de Judá ser dispersa e levada cativa para a Babilônia. O lugar de culto, onde o templo fora erigido por Salomão, era Jerusalém. Uma cidade fortificada por muros que também fora destruída. Tanto os seus muros como o santuário caíram à destruição pelos inimigos. A promessa diz respeito a sua restauração como cidade fortificada e protegida, própria para se viver e para se refugiar contra o inimigo. Sua restauração significava dar nova vida ao coração da nação despedaçada. De maneira bem singela a promessa também aponta para Jesus Cristo, que em Jerusalém pagou o preço dos nossos pecados nos dando refúgio e livramento da morte eterna. A promessa nos garante voltar ao lugar de origem em segurança e bem guardados. Essa é a obra restauradora de Jesus Cristo, nos conduzir de volta a Deus, assim como era no princípio, antes da queda do homem, e nada pode ser comparado a essa herança.

Declarando a promessa

O meu refúgio e a minha segurança é o Senhor; Ele me resgatou do cativeiro de pecados e me fez conhecer o Seu grande amor. Declaro que essa herança está segura em minha vida, guardada no meu coração, sou filho de Deus pela obra de restauração e perdão realizada por Jesus Cristo na cruz. Ainda que fortes ventos venham sobre mim, não me afastarei dos caminhos de Deus, pois só Nele eu tenho refúgio e proteção. Sei que um dia verei a Jerusalém celestial, e lá estarei com o meu Senhor para sempre. A promessa do meu Senhor se cumprirá fielmente em minha vida.

Jonas 4.2

"E orou ao SENHOR e disse: 'Ah! SENHOR! Não foi isso o que eu disse, estando ainda na minha terra? Por isso, me adiantei, fugindo para Társis, pois sabia que és Deus clemente, e misericordioso, e tardio em irar-se, e grande em benignidade, e que te arrependes do mal'" (ARA).

. . . .

Lição de fé para a minha vida

Jonas é um profeta que se destacou, não apenas por fazer uma obra excepcional, mas por se negar a fazer a vontade de Deus. Sua missão era pregar uma mensagem de arrependimento à cidade de Nínive, capital da Assíria. Como era um povo hostil ao seu povo, Jonas tentou fugir da presença de Deus embarcando em um navio para um lugar oposto a Nínive. O resultado da fuga foi uma tempestade que quase afundou o navio onde estava, se os marinheiros não o jogassem ao mar bravio, que logo se aquietou. Foi no ventre de um grande peixe que Jonas orou ao Senhor e decidiu atender ao chamado. Sua mensagem, conclamando o povo ao arrependimento foi ouvida, o rei de Nínive decretou jejum para toda a nação, se humilhando diante de Deus, que lhe retirou a sentença de destruição. Aprendemos com Jonas duas grandes lições: A primeira é que não podemos fugir do chamado que Deus nos dá, Ele irá nos alcançar mesmo no mais profundo abismo. A segunda é que a bondade de Deus nos poupa quando nos arrependemos dos nossos erros. Que nos humilharmos na presença de Deus seja uma constante em nossas vidas, para que Ele sempre nos levante como vitoriosos e amados por Ele.

Declarando a promessa

Sou submisso à vontade de Deus. Não deixarei de cumprir os Seus propósitos e anunciar a Sua misericórdia e bondade a todos. Não excluirei nenhum ser humano da minha missão; amarei e terei compaixão daqueles que me perseguem por não conhecer o amor de Deus. Sei que através da minha vida muitos pecadores serão libertos e salvos da morte eterna. Sou um profeta de Deus, erguido para levar a mensagem de salvação e mudar a vida de homens, famílias e nações. O Senhor me fará prosperar na Sua vontade!

Miqueias 7.7

"Mas, quanto a mim, ficarei atento ao SENHOR, esperando em Deus, o meu Salvador, pois o meu Deus me ouvirá" (NVI).

. . . .

Lição de fé para a minha vida

As maldades de Israel encontraram em Deus um castigo terrível. Ficaram abandonados à mercê dos seus inimigos e da injustiça que marcava a vida do seu próprio povo. O mar de violência e impiedade encorajava o pensamento que Deus os havia esquecido, e que não adiantava viver fielmente num mundo onde a impiedade e a injustiça operavam. Contra essa perspectiva estava a convicção do profeta em esperar a manifestação do Senhor em favor de suas orações de socorro. Esperar Deus agir é uma posição difícil de ser assumida, pois significa confiar Nele acima das circunstâncias que nos envolvem. No entanto esperar Deus agir em meio ao caos é estreitamente mais difícil, pois os valores provenientes da fé tornam-se frágeis devido as perdas provocadas pela injustiça e impiedade dos homens. Aquele que confia em Deus deve estar preparado para provar sua fidelidade em meio ao caos; é na provação que nossa postura vai mostrar que tipo de fé norteia a nossa vida. O clamor pela intervenção e misericórdia de Deus foram feitos, através da oração do profeta; restava agora aguardar a salvação do seu Senhor. Como precisamos aprender a confiar nas orações que levamos a Deus, em cada suplica que nossos corações derramam aos seus pés. Talvez o descansar na espera da manifestação da salvação do Senhor seja a prova mais visível da fé que temos Nele. Quando clamar pelo socorro de Deus, não se desespere como se Ele não lhe ouvisse chamar. Ainda que à sua volta esteja um caos, não desanime, firme a sua fé e esperança na salvação do Senhor, ela virá e dará a vitória sobre todos os seus inimigos.

Declarando a promessa

Não desistirei de esperar a salvação do Senhor sobre a minha vida, eu sei que minhas súplicas são ouvidas pelo meu Deus, Ele virá ao meu socorro e me livrará. Mesmo que exista um caos de injustiça e perversidade ao meu redor, não me deixarei corromper, guardarei o meu coração de praticar iniquidade e aguardarei a manifestação do meu Deus. O Senhor não me deixará perecer na injustiça dos homens, antes me dará Ele a vitória sobre todos os meus inimigos.

Naum 1.7

"O Deus Eterno é bom. Em tempos difíceis ele salva o seu povo e cuida dos que procuram a sua proteção" (BLH).

. . . .

Lição de fé para a minha vida

A bondade de Deus é lembrada pela Sua proteção no dia da angústia. É claro que também podemos ver a bondade de Deus no ar que estamos respirando e em cada obra de Sua maravilhosa criação, mas o profeta está falando de um relacionamento pessoal, onde o cuidado de Deus poderá ser contemplado por todos os que confiam Nele, ou de uma forma mais literal: a bondade de Deus pode ser experimentada pelos que, no dia da angústia, se escondem Nele. Essa é uma promessa que dá segurança à vida daqueles que amam a Deus e buscam o seu conforto quando estão enfrentando momentos de grandes dificuldades. Todos nós passamos por dias angustiosos; são dias em que as más notícias e os fatos inesperados terminam por entrar em nossa vida sem pedir licença, machucando o nosso coração e tirando o nosso chão. Por mais que estejamos cercados de amigos, só nós sabemos o preço da dor que nos aflige. Esse é o momento de experimentarmos a promessa de Deus, de corrermos para os Seus braços e nos escondermos em Seus cuidados; de outra forma como poderemos experimentar tal promessa? Os que procuram a proteção de Deus são por Ele conhecidos e cuidados. Quando o dia da angústia bater à sua porta, não tema em correr para o Senhor e buscar a Sua salvação; Ele irá lhe dar proteção até que um novo dia seja anunciado pelo raiar de um lindo sol.

Declarando a promessa

Declaro que o Senhor me amparará e me dará vitória nos tempos difíceis. Quando a tempestade vier sobre minha vida, não trará desespero ao meu coração, pois os braços do Senhor me protegerão e me sustentarão até o dia da minha vitória. O Senhor me confortará de qualquer perda nessa vida, jamais me sentirei desamparado. Sou conhecido do meu Deus, Ele conhecerá a minha voz quando eu clamar, virá em meu socorro e guardará a minha vida até raiar o dia da minha vitória.

Habacuque 2.3-4

"O SENHOR me respondeu e disse: 'Escreve a visão, grava-a sobre tábuas, para que a possa ler até quem passa correndo. Porque a visão ainda está para cumprir-se no tempo determinado, mas se apressa para o fim e não falhará; se tardar, espera-o, porque, certamente, virá, não tardará. Eis o soberbo! Sua alma não é reta nele; mas o justo viverá pela sua fé'" (ARA).

Lição de fé para a minha vida

Uma promessa de Deus não pode ser esquecida ou negligenciada. É uma sentença que se cumprirá de maneira fiel, no tempo e modo designados por ele. Seu anúncio deve atingir até os que "passam correndo". Essa foi a ordem de Deus dada para o profeta em relação a sua queixa contra a injustiça que reinava no seu tempo, os ímpios que zombavam e exploravam os justos seriam corrigidos e aqueles que permaneceram fiéis encontrariam a vida. Embora Deus já tivesse a resposta, Ele avisa que ela irá acontecer no tempo determinado por Ele. Isso acalmaria o coração dos justos, que estavam agora cientes que Deus tomava contra de suas vidas, mas teriam que enfrentar os sofrimentos no presente e aguardar o tempo de Deus. Esperar não é nada fácil quando se está enfrentando a adversidade; parece um tempo interminável, a tendência é que esqueçamos e duvidemos do que Deus prometeu. A esse questionamento humano Deus responde: "se tardar, espera-o, porque, certamente, virá". Não se deixe enganar pela situação aparente que envolve a sua vida, mesmo que seja um tempo de dificuldades intermináveis, cuja saída está obscurecida pelas impossibilidades. O socorro de Deus virá, Ele não falhará, as promessas se estabelecerão sobre a sua vida e a chave para o seu sucesso é permanecer fiel na Palavra de Deus; afinal, o justo viverá da fé.

Declarando a promessa

Declaro que as promessas de Deus se cumprirão fielmente em minha vida. O tempo e qualquer circunstância desfavorável não me impedirão de aguardar o seu cumprimento. No Senhor eu deposito a minha confiança, pois creio no Seu amor e fidelidade para cumprir tudo o que prometeu. Sei que o tempo de Deus não é o meu tempo, pois Ele prepara a minha vida para receber a maior bênção quando estiver melhor preparado. O Senhor cumprirá na minha vida cada promessa destinada a mim, para a glória do seu nome.

Sofonias 3.14-17

"Canta, ó filha de Sião; rejubila, ó Israel; regozija-te e, de todo o coração, exulta, ó filha de Jerusalém. O SENHOR afastou as sentenças que eram contra ti e lançou fora o teu inimigo. O Rei de Israel, o SENHOR, está no meio de ti; tu já não verás mal algum. Naquele dia, se dirá a Jerusalém: 'Não temas, ó Sião, não se afrouxem os teus braços. O SENHOR, teu Deus, está no meio de ti, poderoso para salvar-te; ele se deleitará em ti com alegria; renovar-te-á no seu amor, regozijar-se-á em ti com júbilo'" (ARA).

Lição de fé para a minha vida

Jerusalém não é uma cidade qualquer, mas um local sagrado, onde as questões da cidade estavam sempre relacionadas com a vida de devoção de Israel ao Senhor. Por isso a expressão "O Senhor, teu Deus, está no meio de ti", tinha pleno entendimento na vida de um israelita. Esta é a promessa pronunciada por Sofonias, apesar de um trágico desterro ter acontecido, o Senhor deixou em sua terra um remanescente, para perpetuar a herança de uma terra que um dia traria de volta os seus cativos e experimentaria o governo de Deus em seu meio. Esses dias seriam antecedidos pela retirada do castigo de Deus e a derrota dos inimigos do Seu povo. Só então haveria júbilo. Os planos de Deus não podem ser frustrados; eles podem ser retardados, mas se cumprirão e nada poderá impedi-los de acontecer. Nossos pecados podem nos afastar de Deus, mas Seus planos em nossa vida acontecerão. Lembre-se que o Senhor é quem apaga as nossas transgressões e nos conduz para o caminho da felicidade e alegria, reinando absoluto em nossa vida.

Declarando a promessa

Deus tem o melhor para a minha vida e mesmo que meus erros me afastem de receber as Suas bênçãos, elas não tardarão vir sobre mim. Estou certo que meus pecados encontrarão o perdão do Senhor e nenhuma acusação permanecerá sobre a minha vida. Os meus inimigos serão derrotados pelo Senhor, Ele os envergonhará concedendo a vitória e fazendo minha vida prosperar. Declaro sobre a minha vida a promessa de restauração e restituição dobrada do que foi destruído pela ausência de Deus. O Senhor me fará prosperar com Sua presença reinando em minha vida.

Ageu 2.9

"A glória desta última casa será maior do que a da primeira, diz o SENHOR dos Exércitos; e neste lugar darei a paz, diz o SENHOR dos Exércitos" (ARC).

Lição de fé para a minha vida

No auge da nação de Israel, sob o domínio do rei Salomão, o templo de adoração a Deus fora construído em Jerusalém. Uma obra magnífica onde o ouro abundava em cada parte da construção, pois no tempo de Salomão a prata era metal sem valor. Tamanha riqueza foi perdida diante de ataques das nações que vinham com o objetivo de conquistar Israel. De fato, a nação se dobrou diante do império Assírio e depois ao Babilônio, os muros da capital Jerusalém foram derrubados e o templo destruído, e toda sua riqueza levada para terras distantes. Com o fim da opressão inimiga e cativeiro do seu povo, restou um profundo lamento ao voltar para Israel e ver suas cidades destruídas e o magnífico templo em ruínas. É diante desse quadro que a promessa de Deus é pronunciada, apesar de toda destruição e da impossibilidade de se construir um santuário à semelhança da obra feita por Salomão. A glória manifestada nesse segundo templo seria maior que a glória manifesta sobre o primeiro, ainda que fosse cheio de riquezas. Existem coisas que parecem difíceis de serem edificadas; em nossa própria vida nos deparamos com situações que são tão desastrosas, que não temos esperança de ver algo bom acontecer. Reconstruir em cima de ruínas é muito difícil, mas com a bênção de Deus é tudo mais fácil. Se existe em sua vida algumas áreas que foram desmoronadas, não tenha medo em recomeçar, Deus está preparando para você muito mais alegria, satisfação e vitórias do que havia antigamente. Não tenha medo de recomeçar!

Declarando a promessa

Declaro que os meus dias serão sempre melhores, mais abençoados e com mais vitórias, para a glória do nome de Deus em minha vida. Não terei medo de recomeçar qualquer projeto, ainda que circunstâncias ruins tenham destruído as bases e todas as estruturas não hesitarei em começar de novo, sei que Deus me dará forças para lançar um fundamento melhor e tudo que for construído manifestará a Sua glória. Meus sonhos, meus relacionamentos, meus negócios e tudo que eu possuo está debaixo da promessa de crescimento, para glorificar o nome de Deus!

Zacarias 3.7

"Assim diz o SENHOR dos Exércitos: 'Se andares nos meus caminhos, e se observares as minhas ordenanças, também tu julgarás a minha casa, e também guardarás os meus átrios, e te darei lugar entre os que estão aqui'" (ARC).

. . . .

Lição de fé para a minha vida

Josué era sumo sacerdote em Jerusalém na época que estava sendo reconstruído o templo do Senhor. A promessa de restauração de sua vida e seu ofício sacerdotal aparece em meio a uma visão do profeta Zacarias em que Satanás o acusava e Deus lhe troca as vestes sujas por vestes novas e limpas. Por isso há uma condição para a promessa ser estabelecida em sua vida; ele teria que andar nos caminhos do Senhor e observar as Suas ordenanças. Toda promessa está condicionada a observação ou cumprimento de alguma coisa, e boa parte delas estão condicionadas à obediência à voz de Deus. Aqueles que experimentaram as promessas de Deus sobre as suas vidas, certamente pagaram o preço de obedecer a Deus. Isso requer muita disciplina, abnegação, renúncia e perseverança, pois muitos começam na obediência e desistem, ou fracassam, antes do cumprimento da promessa. Se há promessas sobre sua vida, veja quais os pontos precisam ser alcançados para seu cumprimento, com cuidado e observe se não há desobediência a Deus em áreas de sua vida que impedem o rompimento da promessa. Mesmo que chegue a conclusão que seus erros o impedem de viver a plenitude das promessas de Deus, não desista de sonhar. Coloque suas vestes sujas nas mãos do Senhor e deixe que Ele coloque em você vestes novas. Assim voltará à obediência e prosperará nas promessas. Levante-se, conquiste o que Deus determinou para a sua vida!

Declarando a promessa

Declaro que minhas vestes foram trocadas pelo meu Senhor e nenhuma acusação me fará parar nas conquistas de Suas bênçãos para minha vida. Sou herdeiro das promessas de Deus e honrarei o Seu nome em cada passo na busca da perfeita obediência, a fim de alcançar Suas promessas. Deus reservou um lugar de honra para mim e eu o alcançarei, pois não deixarei de observar a Sua Palavra e guiar os meus passos nas Suas leis. Tenho a promessa de vitória e prosperarei para alcançá-la, Deus me honrará e Seu nome será glorificado na minha vida.

Malaquias 4.2

"Mas para vocês, os que Me obedecem, nascerá o Sol da justiça, trazendo com ele a salvação. Vocês serão libertados e saltarão de alegria, como bezerros soltos no pasto" (VIVA).

. . . .

Lição de fé para a minha vida

Quando a calamidade se instala em nossa vida questionamos de imediato o porquê da aflição. É natural avaliarmos nossa vida em momentos como esses; às vezes, como cristãos, nos perguntamos até onde tanta obediência e dedicação ao reino de Deus nos trouxe segurança. Não são pensamentos fáceis de se admitir, mas sempre nos cercam quando vivemos momentos de aflição. Por muitas vezes esse foi o questionamento do povo de Deus no passado; "servimos a Deus e o que isso nos adiantou? Nossos inimigos continuam a nos escravizar." Embora a vida não nos prive de sofrimentos, mesmo sendo cristãos, muitas dificuldades são causadas pelos nossos erros e pecados e essa era a realidade de Israel. Embora muitos deixassem de servir a Deus, outros permaneciam fiéis ao Senhor, mesmo diante dos problemas sofridas pela nação; para estes surge a promessa de Deus de salvação com o raiar do Sol da justiça. Uma expressão que mostra a chegada de um novo dia de paz e salvação para as aflições da época, mas também aponta para a vinda de Jesus que traria a salvação para aqueles que aguardavam com fé a justiça e salvação de Deus. Essa promessa é viva para a nossa vida, pois mostra o controle e planos de Deus para toda a nossa existência. Não devemos abandonar a fé em momentos de dificuldades, mas acreditar que o Senhor está preparando a nossa vitória, e até que ela venha, manter a fé em segurança.

Declarando a promessa

O Senhor me dará vitória sobre os dias maus, assim como o sol anuncia a chegada de um novo dia com o brilho dos seus raios. Eu tenho a minha confiança guardada no Senhor e não desfalecerei diante das dificuldades que enfrentar. Não voltarei as costas para o Senhor, pois sei que são passageiros os momentos de aflição em minha vida, mas a Sua vitória me concederá livramento dos meus problemas e me trará a salvação eterna. Jesus é o Sol da justiça que brilha sobre mim, o meu coração permanecerá firme em Suas promessas e habitarei na segurança dos Seus braços eternamente.

Mateus 5.3

"Bem-aventurados os humildes de espírito, porque deles é o Reino dos céus" (SHEDD).

. . . .

Lição de fé para a minha vida

Uma característica apresentada por Jesus Cristo, que deve marcar a vida daqueles que O seguem, é ser "pobre em espírito". Os espiritualmente pobres reconhecem o estado de o próprio ser e se humilham, colocando-se diante de Deus como mendigos espirituais, suplicando por Sua graça e misericórdia. Eles distinguem que nada têm de bom em si mesmos que possa agradar a Deus e que necessitam da Sua graça para receber o perdão dos pecados. Pode parecer estranho a noção que, naquilo que realmente importa, eles são pobres, por mais bens e conhecimento que venham a possuir. Esta característica vem acompanhada da promessa que "deles é o Reino dos céus". Quando Jesus no Seu sermão proferiu esta bem-aventurança, Ele estava convidando os Seus ouvintes a fazerem parte desse reino, que é formado pelos que O recebem, os "pobres em espírito", que descobriram não possuírem nada, colocando Deus como centro de sua vida, vivendo em total dependência Dele para a Sua glória. Portanto, esse não é como os reinos deste mundo, que sempre prometem e nunca ofertam realizações concretas, porque o objetivo dos reinos deste mundo é enriquecer os reis. Mas o "Reino dos céus" é radicalmente diferente, pois é a morada daqueles que, nada tendo, sabem que o melhor é ter Deus. Por isso, os espiritualmente pobres sabem que raramente as pessoas sofrem com o presente; geralmente padecem com medo do futuro. Mas para eles o controle da vida pertence a Deus. Tome posse dessa promessa, pois sem ser espiritualmente pobre, é impossível herdar e entrar no Reino de Deus.

Declarando a promessa

Declaro que em minha vida buscarei ser "espiritualmente pobre" para que possa experimentar a felicidade dos humildes, dos simples e para que eu me alegre e seja feliz com que o Senhor me tem dado. Conviverei com as limitações em todas as áreas da minha vida para que seja feliz descobrindo o quanto sou rico de Deus e em Deus. Resistirei à tentação de ser autos-suficiente. Colocarei Jesus como centro da minha vida. Viverei em total dependência de Deus e de Sua glória. Deus me dará esta felicidade para que eu entre no Reino dos céus.

Mateus 5.4

"Bem-aventurados os que choram, pois serão consolados" (NVI).

. . . .

Lição de fé para a minha vida

Certamente todos nós já choramos diante de certas situações na vida. Chorar é um desses verbos que acompanham o ser humano. O choro não é um sentimento neutro, mas uma expressão emocional evidenciada pelo derramamento de lágrimas e motivada por algo. Muitos são os motivos pelos quais já choramos: de alegria por um nascimento, aniversário, formatura, casamento, entre outros; de tristeza por falecimento, despedida, problemas, doenças, solidão, saudade e muitas outras coisas que nos entristecem. "Bem-aventurados os que choram" inclui os que choram por reconhecer as suas limitações e por desejar o consolo que vem de Deus. Não é um choro superficial e momentâneo, mas de uma tristeza sincera que brota de um coração arrependido por ter ofendido a Deus com seus pecados. Chorar pelos pecados é uma evidência da verdadeira conversão e deve ser uma atitude contínua na vida do crente. Somente os que nasceram de novo podem reconhecer e chorar profundamente por seus pecados, pois o Espírito Santo que neles habita os leva a tomar esta atitude. E aquele que chora pelos próprios pecados também chorará pelos do próximo, pois estará sensível aos pecados ou problemas dos outros. Os que choram são consolados por experimentarem a maravilhosa sensação de perdão dos seus pecados; por verem a atuação de Deus na vida do próximo por seu intermédio; por verem a resposta de Deus às suas orações, nas quais foram usados como instrumentos de Deus; por perceberem que o genuíno quebrantamento os torna sensíveis às necessidades dos outros; por descobrirem a longanimidade de Deus levando-os a fazerem o mesmo com o próximo; pela alegria de servir e de doar-se. Busque essa bênção para você!

Declarando a promessa

Declaro que entrego ao Senhor Jesus o controle da minha vida, pois só Ele tem o poder para me consolar com perdão dos meus pecados. Manterei os olhos molhados para que nunca sequem as minhas lágrimas. Que o chorar para mim seja bênção, para que eu experimente a felicidade do consolo do Senhor. Estarei junto e chorarei com os que choram para que eu ganhe a felicidade de ser consolado e consolar. Experimentarei a felicidade da consolação que há em Deus e desfrutarei da obra do Espírito Santo em mim.

Mateus 5.5

"Bem-aventurados os mansos, porque eles herdarão a terra" (ARC).

Lição de fé para a minha vida

"Felizes os mansos". Ser manso é uma virtude que nasce no coração e o cristão deve ser revestido dessa virtude. Essa virtude não pode ser produzida por um conjunto de atitudes externas; antes ela deve brotar do coração. O Senhor Jesus nos ensinou o que significa ser manso não só em palavras, mas também com a atitude de sua própria vida. Assim também Ele quer que passemos a cultivar e manifestar em nossas vidas uma atitude de mansidão diante de Deus e dos homens. Os mansos experimentam a plenitude de Deus quando têm a consciência de que não são donos de nada e se submetem inteiramente ao Senhor, entregando-lhes totalmente sua própria vida, todos os seus direitos e pertences. Estes herdam e usufruem a vida sobre a terra de forma plena e cheia de paz. Herdar a terra significa receber de graça o que Deus generosamente nos tem concedido. A herança da terra não é recebida por nosso mérito nem tampouco é conquistada por nossa própria força, mas é uma dádiva graciosa de Deus aos mansos que Nele confiam. Cristo prometeu que os mansos herdarão a terra. Sua promessa é fiel e verdadeira e com certeza Ele há de cumpri-la em nosso favor. A herança da terra para os mansos é tanto presente quanto também futura. Em Cristo, você e eu, já herdamos o Seu reino, creia nessa promessa e aprenda a descansar nela.

Declarando a promessa

Eu submeto a minha vida inteiramente ao Senhor Deus e lhe entrego todos os meus bens e direitos. Reconheço que não sou mais dono de nada e que serei apenas um administrador dos bens do Senhor. Estarei me conscientizando de ficar absolutamente submisso ao comando de Jesus. Desejarei, acima de todas as coisas, me alimentar da vontade do Senhor. Serei feliz em desfrutar das bênçãos e do cuidado de Deus já nesta terra e também de ter a certeza de que serei plenamente abençoado por Deus na glória por vir. Cultivarei e manifestarei a mansidão e me alegrarei com o seu resultado em minha vida. Serei manso, pois sou herdeiro da terra.

Mateus 5.6

"Bem-aventurados os que têm fome e sede de justiça, pois serão saciados" (AS21).

. . . .

Lição de fé para a minha vida

Fome e sede são duas necessidades básicas do ser humano. Todos nós conhecemos a sensação de ter fome e sede, pois Deus nos criou com esta característica – precisamos de alimento e água para fortalecer nossos corpos e permanecer vivos. Aqui Jesus não está se referindo à fome e sede naturais que todo o ser humano tem, mas de fome e sede espiritual. Ele está falando de uma qualidade espiritual, uma conduta íntegra em conformidade com a Lei de Deus e que O agrada. Ele está enfatizando a santificação, a prática da justiça na vida cristã, um viver reto. Jesus Cristo, mais do que todos e de forma perfeita, teve fome e sede de justiça; portanto praticou a justiça tanto no Seu relacionamento com Deus quanto com as pessoas. Ter fome e sede de justiça significa ter o desejo intenso e contínuo de viver conforme a vontade de Deus revelada em Sua Lei. A fome e a sede precisam ser satisfeitas para continuarmos a viver; de igual modo precisamos buscar intensamente um viver íntegro diante de Deus e dos homens. Jesus promete satisfazer o desejo daqueles que têm fome e sede de justiça. Uma vez que fome e sede de justiça são desejos espirituais, também a satisfação desses desejos é espiritual. Seremos saciados. Deus satisfaz nossa fome e sacia a nossa sede de justiça. Se formos saudáveis, devemos então ter fome e sede de justiça diariamente em nossa vida. Não se deixe desanimar com a atitude do mundo; ao contrário, motive-se ainda mais a ter fome e sede de justiça, pois tenha plena certeza da promessa de Cristo que seremos completamente saciados.

Declarando a promessa

Declaro que me motivarei a ter fome e sede de justiça todos os dias da minha vida. Buscarei intensa e continuamente uma vida justa, tanto no meu relacionamento com Deus quanto no meu relacionamento com o próximo. Terei felicidade em padecer fome e sede por justiça em todo lugar, em todo tempo e para com todos. Minha vida evidenciará a justiça de Deus. Farei da vontade de Deus minha comida e bebida e serei saciado por ver a atuação da justiça de Deus por intermédio da minha vida. Serei farto e abundante desta felicidade!

Mateus 5.7

"Bem-aventurados os misericordiosos, porque alcançarão misericórdia" (GENEBRA).

. . . .

Lição de fé para a minha vida

Jesus colocou a misericórdia como condição para a felicidade. A misericórdia é mais que um sentimento de simpatia. A palavra tem a força da ação. Conforme o ensino de Jesus, misericórdia é uma expressão de amor evidenciada por um sentimento de compaixão acompanhado da disposição e ação para ajudar uma pessoa sofrida. A misericórdia nasce no coração de Deus e sintetiza toda a Sua atitude para conosco desde a criação. Ele é rico em misericórdia e ela nunca se esgota. Por Sua misericórdia, o Senhor não nos consome; quando somos misericordiosos, não consumimos nosso próximo. Se não houvesse a misericórdia humana não conviveríamos com os nossos erros e se algumas pessoas não tivessem misericórdia, as vidas de outras seriam miseravelmente insuportáveis. Jesus foi o maior exemplo de prática da misericórdia foi Jesus. Ele curou os doentes, alimentou os famintos, abraçou as crianças, foi amigo dos pecadores, tocou os leprosos. Ele fez com que os solitários se sentissem amados. Ele consolou os aflitos, perdoou os que haviam caído em desgraça. Ser misericordioso significa sentir compaixão daquelas pessoas que estão sofrendo e agir em favor delas para aliviar suas dores. A demonstração do amor cristão pelo nosso próximo, através do exercício da misericórdia, envolve os nossos sentimentos e atos, o nosso coração e nossas mãos. Aqui Jesus está falando que a misericórdia é tanto um dever como uma recompensa. Os misericordiosos "alcançarão misericórdia". Esta é a promessa para todos nós. Deus se deleita na misericórdia. As Suas ternas misericórdias estão sobre você. Ele perdoou você. Ele justificou você. Ele adotou e selou você. Quão ricas são as misericórdias de Deus em sua vida. Seja misericordioso. Pratique a misericórdia. Você alcançará em cada dia da sua vida as misericórdias do Senhor!

Declarando a promessa

Declaro que serei misericordioso! Desenvolverei a misericórdia em meu viver diário. Para viver, não dependerei da minha misericórdia para com os outros, mas dependerei apenas da misericórdia de Deus para comigo. Exercerei a misericórdia com o meu próximo, em hospitais, prisões e onde a necessidade se apresentar. Buscarei a felicidade da compaixão, do sofrer junto, do amor pela alma daqueles que padecem sem Deus, sem luz, sem nada e sem ninguém. Que o meu coração exploda em misericórdia a cada dia, para que eu seja alcançado pelas misericórdias do Senhor!

Mateus 5.8

"Bem-aventurados os puros de coração, pois verão a Deus" (NVI).

. . . .

Lição de fé para a minha vida

Nascemos todos com um sério problema no coração; não é nenhum tipo de doença cardíaca, mas a doença do pecado. Nascemos com um coração corrompido; nossos pensamentos, sentimentos, desejos e motivos são inclinados para o mal. Jesus está se referindo ao coração como o centro da personalidade, de onde fluem pensamentos, sentimentos, propósitos e atitudes. "Puros de coração" são aqueles que têm o caráter espiritual da pureza de coração, com pensamentos, sentimentos, motivos e atitudes puros; estes são legitimamente felizes porque verão a Deus. A pureza de coração não é natural no homem, mas resultado da obra de Deus. O Espírito de Deus nos capacita a sermos puros e a Sua Palavra ensina acerca da responsabilidade de purificar o nosso coração. A pureza é um processo de subtração. Permitimos que Cristo fosse lançando fora o que não deve estar em nosso coração. É como se Ele escavasse nosso coração e removesse a impureza encontrada. Quanto mais impureza é retirada, mais desejamos de Deus. Portanto, os "puros de coração" estão inteiramente voltados para Deus e "permitem que Ele assuma o supremo lugar dentro de si mesmos". Pense nesta maravilhosa promessa de Cristo, na felicidade dos puros de coração de verem a Deus. Ver a Deus é ser admitido na presença Dele. Esta visão de Deus acontece hoje pela Sua Palavra ou Sua obra na providência, de um perceber mais apurado das ações de Deus no seu viver diário, de reconhecê-Lo em todos os caminhos. Graças a isto, "vemos imagens e reflexos de Sua glória", bem como "ouvimos os ecos e as reverberações de Sua voz". Só os puros de coração verão a Deus, porque Sua presença exige pureza.

Declarando a promessa

Declaro que viverei com um coração desejoso de purificação. Reconhecerei a minha incapacidade de torná-lo puro e pedirei para que o Senhor Jesus o purifique, confiante que Ele o fará. Manterei a guarda contínua em meu coração impedindo o domínio do fazer sobre o ser. Andarei em integridade de vida em meu relacionamento com Deus e com o meu próximo. Que seja minha a felicidade de ter um coração puro, desinteressado, simples e quieto, com a visão da bondade e da glória de Deus. Serei abençoado com a promessa de ver a Deus.

Mateus 5.9

"Bem-aventurados os pacificadores, pois serão chamados filhos de Deus" (AS21).

Lição de fé para a minha vida

Ser pacificador não é o mesmo que ser pacifista. Os pacifistas são aqueles que pertencem ao movimento humanista que promove o pacifismo; são os que buscam uma paz que se limita apenas à ausência de guerras e conflitos. No entanto, a palavra que Jesus usou, traduzida por "pacificadores", significa literalmente "fazedores da paz". A paz entre o homem e Deus, que existia antes da queda, foi perdida em virtude da desobediência de Adão. O pecado separou a criatura do Criador e fez com que nos tornássemos inimigos de Deus. Todo ser humano é por natureza filho da ira e da desobediência. Ele precisa restabelecer a paz com Deus. Porém, é justamente isso que o homem não pode fazer; mas se ele está impossibilitado de fazer, Deus pode e o fez. Os pacificadores a quem Jesus se refere, são aqueles que já foram reconciliados com Deus por meio de Cristo, são os cidadãos do Reino dos céus que, pela graça de Deus em Cristo, já desfrutam da paz com Deus. Estes "fazedores de paz" se esforçam para promover a paz não em busca de motivos egoístas, mas visando bem-estar do próximo com o propósito de glorificar Deus. Eles promovem uma paz completa que expressa um relacionamento restaurado entre o homem e Deus e consequentemente entre os homens. Essa é a verdadeira paz que Deus oferece ao pecador na Sua Palavra. Os pacificadores são genuinamente felizes, porque somente eles serão chamados filhos de Deus. Deus usa Seus filhos para promover a paz entre os homens, para que outros também se tornem Seus filhos. Essa é mais uma promessa maravilhosa que Cristo concede aqueles que O servem; como servo, essa promessa está sobre você.

Declarando a promessa

Declaro que nenhuma das promessas de Deus se perderá em minha vida; viverei buscando a paz, sendo um pacificador entre os homens. Pedirei a Jesus, que é o príncipe da paz, que derrame a Sua paz em mim e que eu possa, em cada dia de minha existência, declarar e testemunhar dessa paz que recebi Dele, aquela paz que extrapola, que ultrapassa qualquer compreensão. O Senhor me usará como mensageiro de Sua paz por onde eu for e todos verão em mim a natureza de um filho do Seu reino.

Mateus 5.10

"Bem-aventurados os perseguidos por causa da justiça, pois deles é o reino dos céus" (AS21).

Lição de fé para a minha vida

Deus havia feito a promessa, através de Jesus, de que "seriam felizes aqueles que fossem perseguidos por causa da justiça", que herdariam o céu. É interessante observar que na oitava e última bem-aventurança, Jesus afirmou que Seus discípulos seriam realmente felizes por serem perseguidos. Jesus proferiu tais palavras, no início de Seu ministério, para alertar aos discípulos de que a perseguição seria uma realidade para eles, caso O seguissem fielmente. Jesus repete o termo "bem-aventurados", duas vezes, mas está se referindo a uma só bem-aventurança. Ele quer enfatizar que a perseguição é uma certeza na vida do crente e que ser perseguido por Sua causa é de fato grande bênção. Esta oitava bem-aventurança é o resultado das sete primeiras; a perseguição acaba se tornando consequência das demais. Na medida em que o crente fiel manifesta o caráter cristão das bem-aventuranças, ele terminará por não ser aceito pelo mundo e, na verdade, sofrerá dele perseguição. Deus sempre concede forças aos Seus servos em tempos de perseguição. A alegria do crente na perseguição é resultado da graça do Espírito Santo que nele habita. Além disso, as promessas de Deus nos motivam a sermos alegres na perseguição. O crente se alegra na perseguição porque ele sabe que isso é uma bem-aventurança em sua vida. Ele confia nas palavras de Cristo: "Bem-aventurados (abençoados) os perseguidos por minha causa". O Senhor não está nos encorajando a buscar perseguição, mas ele afirma que estamos sujeitos a ela e que, mesmo que a perseguição aconteça, somos verdadeiramente felizes. Mas, no final de tudo, a maior de todas as promessas diz que "os que forem perseguidos por causa da justiça, por causa de Jesus, serão herdeiros do Reino dos céus". Nunca nos esqueçamos desta promessa!

Declarando a promessa

É maravilhoso saber que a promessa de Jesus confirma bênçãos para a minha vida, mesmo em momentos de perseguição. E não apenas isso, mas saber que Jesus prometeu ainda que aqueles que forem perseguidos serão herdeiros do Reino dos céus! Declaro que, se me encontrar diante da perseguição, pedirei forças ao Senhor Jesus para me achar alegre, pois a garantia da Sua promessa nos dá a certeza de que assim podemos e devemos proceder.

Marcos 11.22-24

"Tenham fé em Deus. Eu lhes asseguro que se alguém disser a este monte: 'Levante-se e atire-se no mar', e não duvidar em seu coração, mas crer que acontecerá o que diz, assim lhe será feito. Portanto, eu lhes digo: Tudo o que vocês pedirem em oração, creiam que já o receberam, e assim lhes sucederá" (NVI).

. . . .

Lição de fé para a minha vida

A verdadeira fé em Deus é alcançada através da intimidade, do conhecimento pessoal, da convivência contínua e da experiência acumulada com o Criador. Então, ter fé em Deus significa conhecer e confiar no Seu caráter, na Sua bondade, na Sua justiça, na Sua fidelidade e na Sua Palavra. A oração que alcança resultados parte da certeza de que Deus é favorável aos que O buscam com o coração aberto e submisso. Tem muita gente chorando diante de Deus por causa das montanhas e Deus está lhes dizendo que já deu autoridade para que mandem as montanhas embora! Mas eles simplesmente continuam chorando diante de Deus. Isso é a dúvida, que vem do desconhecimento, da falta de experiência ou confiança. Como servos de Deus, dotados de autoridade sobre a criação, podemos, quando sabemos qual é a vontade de Deus, exercer essa autoridade. A fé que temos em Deus nos faz olhar, não para a montanha, mas para a bênção que está além da montanha. Deus não mandou olhar para a montanha, e sim dizer a ela que saia! Tire os olhos da montanha e olhe, pela fé, para a sua bênção escondida atrás dela. Verifiquemos as raízes de dúvida que porventura existam em nossa alma e removamos tudo o que perturba a nossa comunhão com Deus. A oração tem papel fundamental no exercício da fé que remove montanhas. Exerça a autoridade que Deus lhe deu! Não vacile; se você está em Cristo, Deus lhe dá vitória. Desfrute das bênçãos vitoriosas do Senhor e seja um vencedor.

Declarando a promessa

Declaro que buscarei aprofundar a minha fé em Deus e confiança no Seu poder. Desenvolverei uma convivência contínua e íntima com o Senhor. Procurarei exercer a fé fixando meus olhos em Jesus para remover as montanhas da minha vida. Através da minha fé exercerei autoridade sobre a criação. Exercitarei a fé que me garante as respostas de minhas orações. Eu sou um vencedor em Cristo!

Lucas 10.19-20

"Eu vos dei autoridade para pisar serpentes e escorpiões, e autoridade sobre todo o poder do inimigo; nada vos fará mal algum. Contudo, não vos alegreis porque os espíritos se submetem a vós, mas porque vossos nomes estão escritos nos céus" (AS21).

Lição de fé para a minha vida

Jesus treinou doze discípulos, que se tornariam os responsáveis pela continuidade do Seu ministério, que faria acontecer o projeto de Deus para a humanidade, e enviou Seus discípulos sozinhos. Em seguida, Jesus faz o mesmo com um grupo de setenta e duas pessoas, e as envia em duplas às cidades onde Ele haveria de ir. Nosso Deus continua com Seus projetos, e nós, como Seus filhos, fazemos parte desses planos; afinal, Ele nos escolheu para prosseguir anunciando as boas novas do evangelho, e pregando a salvação até a volta de Cristo. Somos discípulos de Jesus. Assim como Ele fez com Seus discípulos, ele quer nos capacitar e enviar para pregar o evangelho da salvação, expulsar demônios e curar enfermos. Devemos responder ao chamado de Jesus na motivação que Deus nos dá. Nós não podemos nos sentir intimidados com o fato de estamos sem autoridade para agir, muito menos nos acomodar a isso. Mas devemos buscar no Senhor e na Sua Palavra a autoridade para exercer o poder sobre qualquer coisa e viver uma vida segundo a vontade de Deus. Os setenta discípulos estavam encantados com o poder que receberam. Mas Jesus adverte que a nossa alegria deve ser por termos o nosso nome no céu, por Cristo ter aberto o Reino de Deus para nós. O poder sobre as coisas maléficas é pura consequência. Você não está sozinho nessa guerra. Vá em frente, Deus está com você! Você deve fazer a vontade do Senhor! A mão do Senhor está sobre sua vida!

Declarando a promessa

Declaro que me conscientizarei que a autoridade e o poder vêm de Deus. Apresentar-me-ei em humildade e submissão ao Senhor para cumprir a missão que me foi confiada. Pedirei a Deus sabedoria para usar a autoridade que Ele me concedeu. Buscarei discernimento espiritual nas lutas e embates espirituais que enfrentar pelo Senhor. Alegrar-me-ei em Jesus por escrever meu nome no céu. Eu tenho a promessa!

Lucas 11.9-13

"Peçam, e lhes será dado; busquem, e encontrarão; batam, e a porta lhes será aberta. Pois todo o que pede, recebe; o que busca, encontra; e àquele que bate, a porta será aberta. Qual pai, entre vocês, se o filho lhe pedir um peixe, em lugar disso lhe dará uma cobra? Ou se pedir um ovo, lhe dará um escorpião? Se vocês, apesar de serem maus, sabem dar boas coisas aos seus filhos, quanto mais o Pai que está nos céus dará o Espírito Santo a quem o pedir!" (NVI).

Lição de fé para a minha vida

Nesse texto vemos a orientação do Senhor Jesus sobre a oração, mas possivelmente relacionada a uma resposta tardia da parte de Deus para a intercessão. É bem provável que, por causa da demora de Deus em responder, o ensino de Jesus aqui mostre uma sequência de passos a serem tomados por quem estiver orando. São atitudes que se intensificam: inicialmente é pedir, mas não basta pedir; é preciso buscar o que se pede. Não é somente buscar; é necessário bater à porta que está trancada. Aquele que tem tal perseverança está mostrando o seu elevado caráter espiritual. Quem pede, recebe; quem busca encontra e quem bate, lhe será aberta. Só existe um limite para a oração – é não saber pedir e acabar então pedindo mal. Esse é o pedido que não será atendido. Para sabermos o que pedir, é preciso estar com a vida espiritual tão desenvolvida que a oração que fizermos sempre irá refletir a vontade de Deus. Cristo nos encoraja a prática da oração, dizendo que o Pai dos céus dará até mesmo o Espírito Santo a quem o pedir. Deus está pronto para nos abençoar de forma que nem imaginamos. Você pode pedir, em conformidade com Deus, que a bênção virá com toda a certeza! A promessa é para você!

Declarando a promessa

Procurarei orar em conformidade com a vontade de Deus para minha vida. Deixarei de lado orações e pedidos egoístas. Evitarei pedir mal e contrário ao desejo do meu Senhor. Confiarei e crerei que receberei de Deus o melhor para mim. Serei perseverante em minhas orações. Receberei as bênçãos das promessas do meu Deus. Eu tenho a promessa!

João 3.3

"Com toda a sinceridade que tenho, digo-lhe isto: Se você não nascer de novo, nunca poderá entrar no Reino de Deus" (VIVA).

. . . .

Lição de fé para a minha vida

O texto trata da conversa de Jesus com Nicodemos, líder religioso de Israel. Ao ouvir que era necessário nascer de novo, mesmo sendo intelectual, não conseguiu acompanhar o raciocínio. Ele entendeu errado o que Cristo disse. Nicodemos começou a refletir, quase num processo de regressão, como seria possível uma pessoa da sua idade nascer de novo. Então, Jesus mostra-lhe que a vida vai além do dia em que alguém é levado à sepultura, que todos vão alcançar a eternidade, e a decisão pelo destino dessa eternidade não começa quando se nasce fisicamente. Somos formados em iniquidade, o que faz necessário que nossa natureza seja mudada. É algo que é feito em nós e por nós, que não podemos fazer sozinhos. O nascimento é o começo da vida; nascer de novo é começar a viver novamente. Devemos ter uma nova natureza, novos princípios e novos alvos. Por nosso primeiro nascimento somos corruptos, formados no pecado. Todos os seres humanos necessitam nascer de novo, caso contrário, não poderão desfrutar da eternidade, dos prazeres e alegrias eternas, privilégios que Deus tem preparado para todos os que nascem de novo e tornam-se novas criaturas. Nada pode substituir o novo nascimento. Aquele que não nascer de novo, não tem domínio sobre a carne e o pecado e não pode ver o Reino de Deus. O velho homem, pela falta de entendimento espiritual, e pela dureza de coração, estava separado da comunhão com Deus. Mas ao nascer de novo, está liberto do poder do pecado e da morte, para viver segundo a vontade de Deus. Você está incluído entre os que necessitam nascer de novo. Você só precisa tomar uma decisão a respeito de viver ou não na eternidade vindoura no Reino de Deus. A promessa é sua!

Declarando a promessa

Declaro que sou uma nova criatura porque passei pelo processo do novo nascimento. Buscarei viver uma existência plena em minha nova natureza, com novos planos e princípios. Procurarei manter uma comunhão total com o meu Deus. Sendo regenerado pelo Espírito Santo, Ele habitará em minha vida para sempre. Eu pertenço ao Reino de Deus!

João 4.13-14

"Quem beber desta água tornará a ter sede; aquele, porém, que beber da água que eu lhe der nunca mais terá sede; pelo contrário, a água que eu lhe der será nele uma fonte a jorrar para a vida eterna" (ARA).

Lição de fé para a minha vida

O texto fala do encontro entre Jesus e a mulher samaritana. Cristo aproveitou a ocasião para mostrar-lhe sua carnalidade e a necessidade de um Salvador. Jesus fala que a água do poço de Jacó proporcionava satisfação de curta duração. Mas o que participa do Espírito da graça, e do consolo do evangelho, nunca terá falta do que satisfaz à sua alma. Há muitas fontes onde o ser humano tem procurado beber, como terapias alternativas, romarias, penitências e outras religiões, mas nunca alcança refrigério. Porque só há uma fonte de água viva que pode saciar a sede do ser humano, Jesus. Essa fonte cura feridas, limpa pecados, muda corações, dá nova natureza e vida abundante. Você é transformado porque, quando bebe, a água da fonte passa a fluir a partir de você. Jesus, como fez com a samaritana, está nos desafiando a arrependermos de nossos pecados. A vida daquela mulher foi mudada à beira do poço. Ela deixou que Jesus revolvesse os entulhos, bebeu da água que Ele oferecia e se rendeu por completo. Seu coração foi inundado por um prazer que ela não conhecia, vendo borbulhar dentro de si uma fonte de água viva. Se você ainda não veio à fonte, venha para Jesus. Se você está sedento e sua vida é sem sentido, se você tem aquele sentimento de que está faltando algo, Jesus está dizendo para você vir até Ele e beber. Se você já veio, descubra as inesgotáveis e eternas riquezas que há nessa fonte. Na fonte que é Jesus, quanto mais você bebe, mais quer; quanto mais quer, mais tem para beber; e do seu interior correm rios de águas vivas!

Declarando a promessa

Declaro que beberei continuamente da fonte que é Jesus. Procurarei estar sempre saciado espiritualmente em minha vida. Terei as minhas feridas curadas, os meus pecados limpos e o meu coração transformado. De mim irá jorrar a água viva que vem de Cristo Jesus. Usufruirei da vida abundante e da fonte inesgotável de eternas riquezas que é Jesus.

Atos 1.8

"Porém, quando o Espírito Santo descer sobre vocês, vocês receberão poder e serão minhas testemunhas em Jerusalém, em toda a Judeia e Samaria e até nos lugares mais distantes da terra" (NTLH).

Lição de fé para a minha vida

Vivemos tempos de falsos poderes e o ser humano tem se perdido na busca do poder em fontes sedutoras que oferecem um mundo de ilusões. Jesus, antes de subir ao céu, ensinou muitas coisas acerca do Reino de Deus, porém, na vida dos discípulos, algo muito importante ainda estava por acontecer: "Vocês receberão poder". O poder do Espírito Santo não está limitado ao tempo nem ao espaço. Também podemos receber esse poder na nossa vida para testemunhar do Senhor Jesus; a promessa é para todos! Deus quer que vivamos pelo abundante poder do Espírito Santo. Jesus não nos deixa viver por nossos próprios esforços, sozinhos e frustrados. Jesus nos deu o presente do Espírito Santo! Deus quer trabalhar através de nós. Ele quer que sejamos um vaso de honra em Suas mãos. Portanto, devemos buscar sempre o verdadeiro poder da ação do Espírito Santo em nossa vida, para testemunhar de Jesus, e vidas serem transformadas para a glória de Deus! Todos os que receberam o batismo no Espírito Santo O tem como residente em seu espírito. Ele está em nós para ser o poder impulsionador do nosso viver em Cristo, tornando-nos aptos para realizar os propósitos que Deus tem para cada um de Seus filhos. O Espírito Santo necessita transbordar de nós. Deus quer encher você completamente com o Espírito Santo para que você possa ter uma vida abundante e frutífera, ser uma fiel e poderosa testemunha de Jesus Cristo a todos que estão ao Seu redor. Quando você recebeu Jesus Cristo como seu Salvador, o Espírito Santo foi enviado por Deus para confirmar a você a sua salvação. Receba a promessa do Espírito e você irá experimentar uma vida de plenitude no poder do Espírito Santo! Tome posse da promessa!

Declarando a promessa

Tomarei posse da promessa de Jesus e receberei o Espírito Santo e o Seu poder em minha vida. Através desse poder, buscarei realizar os propósitos do Senhor Deus para a minha existência – ser testemunha fiel e poderosa do Senhor Jesus e vaso de honra em Suas mãos. A promessa do Senhor vai se realizar em minha vida!

Atos 2.17-18

"Nos últimos dias', disse Deus, 'Eu derramarei o Meu Espírito Santo sobre toda a humanidade; os filhos e as filhas de vocês profetizarão, os jovens terão visões, e os velhos terão sonhos. Sim, o Espírito Santo virá sobre todos os meus servos, homens e mulheres, e eles profetizarão" (VIVA).

Lição de fé para a minha vida

Esse texto remete ao profeta Joel, que afirmou que "nos últimos dias Deus derramaria o Seu Espírito Santo sobre toda a humanidade; que todos seriam cheios desse poder". Todos os crentes precisam ser revestidos desse poder especial do Espírito de Deus, pois sem ele não será possível fazer nada de significativo na obra do Senhor. A chegada do Espírito Santo confirmava a promessa de uma presença constante para os que servem a Deus. O sinal dessa vinda e que daria início a esse novo tempo era a Sua manifestação na vida dos seres humanos. Tomados por esse poder extraordinário os homens fariam coisas excepcionais e seriam comissionados para levar a mensagem de Jesus a todos os lugares da terra. No meio do povo de Deus, o Espírito se manifesta com dons, milagres e cura. No mundo o Espírito Santo trabalha no coração do homem, para convencê-lo dos seus pecados e de se arrepender, entregando sua vida ao senhorio de Cristo. O Espírito Santo está agindo continuamente, trabalhando a nosso favor e nos enchendo do poder de Deus. Ser cheio do Espírito Santo não é privilégio de alguns, mas é dádiva oferecida a todo crente em Jesus; basta buscá-lo com total dependência de Deus, pois o Espírito Santo é a companhia que Jesus deixou para nos conduzir em toda a obra do Reino de Deus. Busque diariamente a dependência do Espírito Santo em tudo o que fizer, e você irá conquistar toda sorte de bênçãos que Deus já reservou para você.

Declarando a promessa

Declaro que o Espírito Santo está sobre a minha vida para guiar os meus passos e me encher da glória de Deus. Ele me concederá todos os dons necessários, para que eu possa servir melhor ao Senhor Deus. Não abrigarei no coração pecados que venham entristecer o Espírito Santo; eu os confessarei e os deixarei, pois o sobrenatural de Deus fará parte de minha vida. O tempo todo terei a presença do Espírito do Senhor e Dele não me afastarei. Debaixo do Seu poder e da Sua unção vencerei as minhas batalhas e glorificarei ao meu Deus.

Romanos 8.14-15

"Pois todos os que são guiados pelo Espírito de Deus são filhos de Deus. Porque não recebestes um espírito de escravidão para vos reconduzir ao temor, mas o Espírito de adoção, pelo qual clamamos: Aba, Pai!" (AS21).

. . . .

Lição de fé para a minha vida

Todas as pessoas nascem na condição de criaturas de Deus. Ao longo de nossas vidas, nos deparamos com a pregação do Evangelho e com a oportunidade de aceitar o convite de salvação por meio de Cristo Jesus. Ao receber Cristo em nossos corações, nos tornamos filhos por adoção, pois enquanto Jesus nasceu na condição de filho gerado, nós somos filhos de Deus por adoção. E quando essa bênção acontece em nossas vidas temos a promessa de sermos conduzidos e guiados pelo Espírito Santo. Com essa experiência de adoção, reconhecemos que a escravidão do pecado não faz mais parte de nossa história e nem devemos ter medo do acusador, pois nossos pecados foram apagados e agora temos um advogado no céu, o justo juiz, que advoga nossas causas e ainda podemos chamá-Lo de Pai. É importante saber que somos filhos de Deus por adoção, pois ser adotado como filho é resultado de uma experiência pessoal de regeneração que nos torna irmãos mais novos de Jesus Cristo. E em consequência, alcançamos o privilégio de nos tornarmos co-herdeiros das promessas. Portanto, fazemos parte da família de Deus através desse ato tão sublime de Deus em nos adotar para o seio de Sua família. Por isso, tome posse desta promessa de adoção que nos coloca em posição de filhos, cheios de privilégios e honras por aquele que é o Pai da eternidade.

Declarando a promessa

Declaro que nasci de novo e, por isso, sou guiado e conduzido pelo Espírito Santo, me tornando filho adotivo. Reconheço que grande é a obra que o Senhor tem em minha vida, para proclamar as boas novas de salvação, pois o Espírito que recebemos é Espírito de vida e testifica com nosso espírito que somos filhos e parte integrante da família de Deus, por meio de Seu ato de misericórdia em nos receber em Sua herança. Por meio da adoção, passei das trevas para a maravilhosa luz e as promessas do Senhor nunca deixarão de se cumprir em mim!

1Coríntios 2.9

"As coisas que o olho não viu, e o ouvido não ouviu, e não subiram ao coração do homem, são as que Deus preparou para os que o amam" (ACRF).

. . . .

Lição de fé para a minha vida

Como é gratificante saber que Deus nos ama e tem reservado algo excelente para aqueles que também O amam. Firmado nessas promessas, devemos glorificar e exaltar a Deus pelo Seu grande poder de executar Seus propósitos e planos que homem algum sondou e jamais penetrará, senão naquele memorável dia escolhido por Deus para revelar Suas grandezas àqueles que Ele ama e escolhe. Essas grandezas ocultas têm sido reveladas pelo Espírito Santo a todos aqueles que receberam Jesus Cristo como seu único e suficiente Salvador. Para que tenhamos o conhecimento pleno do que Deus quer nos revelar, precisamos reconhecer que Jesus Cristo é o Filho de Deus que veio em carne, padeceu, morreu e ressuscitou para que nossos pecados fossem perdoados, e recebêssemos o Seu Espírito dentro de nós. E, por isso, sejamos gratos a Deus! Não foi o espírito deste mundo que nós recebemos, mas o Espírito mandado por Deus, para que possamos entender tudo o que Deus nos tem feito. Portanto, nossas palavras devem ser palavras que fluem do Espírito de Deus, palavras abençoadoras e edificadoras, não mera sabedoria humana. Mas quem não tem o Espírito de Deus não pode receber os dons que vêm do Espírito e, de fato, nem mesmo pode entendê-los. Essas verdades são loucuras para as pessoas que ainda não nasceram de novo. Então, entreguemos totalmente nossas vidas ao Senhor Deus para que possamos desfrutar das ricas revelações que são dadas somente àqueles que O servem. Receba essa rica promessa e desfrute dos segredos ocultos que Deus tem para nós!

Declarando a promessa

Declaro que amarei o Senhor enquanto viver, para que eu possa conhecer os segredos ocultos revelados a mim pelo Espírito Santo de Deus. Reconhecerei que as bênçãos que os meus olhos não viram, nem meus ouvidos ouviram e nem chegaram ao meu coração, são vitórias que Deus tem reservado para mim. Desfrutarei dos mistérios mais ocultos que o Senhor há de me revelar, na certeza de que sou mais do que vencedor!

1Coríntios 13.12-13

"Porque agora vemos por espelho em enigma, mas então veremos face a face; agora conheço em parte, mas então conhecerei como também sou conhecido. Agora, pois, permanecem a fé, a esperança e o amor, estes três, mas o maior destes é o amor" (ACRF).

Lição de fé para minha vida

Na cultura brasileira existe o seguinte ditado: "A esperança é a última que morre". Na verdade esse dito contraria o princípio bíblico, que nos diz que a esperança não morre, mas permanece para sempre. É bem verdade que muitas vezes passamos por situações para as quais parece não haver mais esperança. Nessas horas de tribulação, de provação, e até mesmo de angústia e desespero, as circunstâncias parecem ser maiores que nós e sentimo-nos derrotados, fracassados, impotentes e sem esperança. Mas até mesmo nessas situações tão extremas, a guerra não está perdida. Talvez, ao longo da nossa caminhada com Deus, nós percamos algumas batalhas, mas nunca a guerra. O nosso general é Cristo! É Ele quem peleja por nós e nos dá a vitória. Jesus Cristo – a esperança da glória! É Nele que devemos colocar a nossa esperança e a nossa fé! É importante crer que nem tudo está perdido, e que apesar da adversidade das circunstâncias, ainda há esperança. O Senhor está no controle. Ele tem um plano, e assim como Ele disse aos grandes heróis do passado, hoje Ele diz a nós: "Não tenha medo, confie em mim". Precisamos colocar nossa fé e esperança em ação e confiar no amor de Deus, que é fiel e verdadeiro para nos livrar e nos fazer triunfar nas maiores adversidades que possam se abater sobre as nossas vidas. Portanto, aquilo que vemos em parte, como um enigma, em breve será revelado e para sempre estaremos com o Deus de amor. Seja um vencedor!

Declarando a promessa

Declaro que continuarei perseverando na prática da fé e da esperança, na certeza de que aquilo que hoje não vejo por inteiro, um dia me será revelado na glória e o vínculo da perfeição, que é o amor, permanecerá para sempre na eternidade. Reconhecerei que assim como sou conhecido de Deus, um dia poderei conhecer o meu Senhor como Ele é. Sou vencedor em Jesus!

2Coríntios 2.14

Mas dou graças a Deus porque, unidos com Cristo, somos sempre conduzidos por Deus como prisioneiros no desfile de vitória de Cristo. Como um perfume que se espalha por todos os lugares, somos usados por Deus para que Cristo seja conhecido por todas as pessoas (NTLH).

Lição de fé para minha vida

O texto ensina que devemos sempre, independente da situação, render graças a Deus porque Cristo sempre nos conduz em triunfo. Os romanos, após uma conquista, faziam uma procissão de triunfo em homenagem ao general vitorioso, em que iam os magistrados da cidade na frente, trombeteiros, espólios conquistados, bezerro branco para o sacrifício, os prisioneiros de guerra capturados com o seu rei à frente, os oficiais e soldados vencedores, os músicos tocando, cantando e dançado, e por fim o próprio general, enquanto o povo olhava e aplaudia, com o ar carregado de doce perfume, proveniente da queima de especiarias. Da mesma forma os cativos com Cristo são sempre conduzidos por Deus em desfile festivo de vitória. Era, e ainda é por meio dos Seus servos, que Deus espalha para todos os lugares a "fragrância" do conhecimento de Cristo. Mesmo em meio às situações difíceis é indispensável sermos contagiantes. Pois a razão de um bom perfume, de um bom cheiro é atrair, envolver, contagiar. E assim devemos seguir sempre, espalhando por todo lugar a fragrância de Cristo. Deus nos utiliza para manifestar o aroma agradável do conhecimento Dele. Quando falamos das coisas de Deus, fazemos exalar uma boa fragrância perante as pessoas ao redor. Só isso é suficiente para nos considerarmos alguém com grande sentido na vida. Que honra servirmos de canal para levarmos ao mundo a revelação de Deus! Isso é ser vencedor! Onde quer que você entre, por onde você andar, dia e noite, considere-se desfilando numa procissão de um exército vencedor, pronto para encher o lugar com o aroma agradável da Palavra de Deus.

Declarando a promessa

Declaro que faço parte do exército triunfante do meu Senhor Deus. Procurarei viver, rendendo graças a Deus por tudo em minha vida. Serei sempre conduzido pelo Senhor em triunfo. Espalharei o bom perfume de Cristo por todos os lugares para que Ele seja conhecido. Caminharei cativo e triunfante com Jesus! Eu sou um vencedor!

2Coríntios 2.15

"Porque nós somos para com Deus o bom perfume de Cristo, tanto nos que são salvos como nos que se perdem" (GENEBRA).

. . . .

Lição de fé para minha vida

Através do odor, podemos receber impressões daquilo que está longe de nosso toque, até mesmo fora do nosso campo de visão. E o que é mais interessante no cheiro é que não se pode escondê-lo. Quando o sacerdote entrava na presença de Deus, ele dirigia-se ao altar do incenso e produzia um perfume ao Senhor, um cheiro suave que O agradava. Hoje o altar do Senhor é o nosso coração – nossos sentimentos e nossas atitudes exalam um cheiro ao Senhor Deus. O texto revela que somos o bom perfume de Cristo, isto é, somos cheirosos porque a substância aromática, que é Jesus, está em nós. Quando uma pessoa exala o bom perfume de Cristo, torna-se perceptível; as outras pessoas gostam de estar ao seu lado, pois sua conversa é sadia, seu jeito é humilde e sua presença transmite paz. Para se "notar" um perfume, basta senti-lo. Então, para exalarmos o bom perfume basta vivermos. Como acontece com pessoas que usam aromas que perfumam o ambiente por onde passam, assim ocorre conosco; quando exalamos o perfume de Cristo, naturalmente, as pessoas sentem; não é necessário esforço, pois o bom cheiro é de Cristo, não nosso. E não se trata meramente de um suave perfume produzido por Cristo, mas é o próprio Cristo que serve de perfume que exala do nosso caráter e das nossas ações. Nas nossas múltiplas atividades conservemos sempre o perfume que é Cristo e o Seu conhecimento. Lembre-se – os filhos de Deus são o bom perfume de Cristo, cheiro de vida para a vida. Seja o bom perfume de Cristo. Exale a fragrância doce da Vida, a Vida de Deus!

Declarando a promessa

Declaro que sou o bom perfume de Cristo. Serei usado por Deus como um canal que leva a mensagem do Evangelho, que vai perfumando o ambiente por onde penetra. Serei como uma essência aromática, cuja função é adornar o ar em minha volta, ao compartilhar a fragrância do amor de Cristo por onde eu passar. Através do meu caráter e das minhas ações exalarei o bom perfume de Cristo.

Gálatas 2.20

"Fui crucificado com Cristo. Assim, já não sou eu quem vive, mas Cristo vive em mim. A vida que agora vivo no corpo, vivo-a pela fé no filho de Deus, que me amou e se entregou por mim" (NVI).

Lição de fé para a minha vida

Aqui, o apóstolo descreve a vida espiritual e oculta do crente. O velho homem tem sido crucificado, mas o novo homem está vivo; o pecado é mortificado e a graça é vivificada. Os crentes se veem vivendo num estado de dependência de Cristo; embora vivam na carne, contudo, não vivem segundo a carne. Os que têm fé verdadeira, vivem por essa fé; e a fé se afirma em que Cristo me amou se deu por mim. Como se o apóstolo dissesse: "O Senhor me viu fugindo mais e mais Dele. Tal maldade, erro e ignorância estavam em minha vontade e entendimento, e não era possível que eu fosse resgatado por outro meio que não fosse por tal preço". Porque crer em Cristo não é só crer que Ele foi crucificado, senão também crer que eu estou, e que cada um de nós também está, crucificado com Ele. Isso é conhecer a Cristo crucificado. Aprendemos qual é a natureza da graça. A graça de Deus não pode estar unida ao mérito do homem. A graça não é graça a menos que seja dada livremente em toda forma. Quanto mais simplesmente o crente confiar em Cristo para tudo, mais devotamente andará diante Dele em todas Suas ordenanças e mandamentos. Cristo vive e reina nele, e ele vive aqui na terra pela fé no Filho de Deus. Deste modo, não abusa da graça de Deus nem a faz vã. Quando Paulo admitiu sua própria incapacidade, se esvaziando do orgulho e da idéia de ser autônomo, ele deixou Cristo tomar conta da vida dele. Como Cristo morreu para nos dar vida, nosso velho homem morre para dar lugar a Jesus. Com Cristo vivendo em nós, nos tornamos infinitamente mais fortes do que se estivéssemos vivendo o nosso próprio "eu". Crucifique o seu "eu" na cruz! Que não mais você viva, mas Cristo viva e reine através de você! Tome posse da promessa!

Declarando a promessa

Declaro que, a cada dia de minha vida, morrerei com Cristo na cruz. Não existirei mais para as minhas vontades e meus desejos, mas a minha vida será agora com Jesus Cristo vivendo e reinando em mim! Viverei pela fé no Jesus crucificado, permitindo a Ele o controle total em minha existência.

Efésios 1.3-4

"Bendito seja o Deus e Pai de nosso SENHOR Jesus Cristo, que nos abençoou com todas as bênçãos espirituais nas regiões celestiais em Cristo. Porque Deus nos escolheu nele antes da criação do mundo, para sermos santos e irrepreensíveis em sua presença" (NVI).

. . . .

Lição de fé para a minha vida

O Senhor fez o homem perfeito, à Sua imagem; o amou profundamente e proporcionou todos os meios para que a sua permanência no Éden fosse a melhor. No entanto, Adão e Eva não souberam retribuir o amor sublime do Criador, deixando-se corromper. O pecado entrou e destruiu a comunhão entre Deus e o homem. Esta é a situação da humanidade. Mas, o Senhor não desistiu de Sua criação! Ele nos amou primeiro e o fruto do Seu grande amor se revelou no sacrifício de Cristo na cruz em nosso lugar. A partir de quando recebemos Jesus como Salvador, somos chamados para a santidade. Passamos a cultivar as qualidades espirituais. Ao buscarmos a santidade em nosso viver diário, iremos cultivar uma estreita comunhão com o Senhor. E assim, cada vez mais nos entregamos a Deus, que nos abençoa com o que necessitamos. As bênçãos para esta vida e para a vindoura. Tudo já está preparado. Deus nos elegeu e nos adotou na Sua família, nos remiu com o sangue de Cristo, e nos selou com o Espírito Santo. Ele nos deu poder para vivermos vitoriosamente. As bênçãos daqui são apenas a garantia de que coisas maiores virão. Quando cremos e nos levantamos em uma atitude de fé, a provisão, o crescimento e a abundância de Deus acontecem. É preciso que você creia no poder de Deus. É preciso que você reforce isso em seu coração, pois precisa receber esta promessa para a sua vida. Que Deus Pai lhe dê a consciência de que precisa viver em obediência a Ele e em santidade de vida para não perder esta qualidade de abençoado e que você diga com o coração aberto: Eu sou um abençoado!

Declarando a promessa

Declaro que sou um privilegiado por ser grandemente abençoado pelo Senhor Deus em minha vida. Viverei buscando a Tua vontade e o Teu querer, procurando me santificar, sendo um servo fiel e obediente, conforme me ensina a Tua Palavra. Eu sou um abençoado vencedor em Jesus!

Efésios 2.8

"Pois pela graça de Deus vocês são salvos por meio da fé. Isso não vem de vocês, mas é um presente dado por Deus" (NTLH).

Lição de fé para a minha vida

Vivemos num mundo onde quase tudo precisa ser pago. Paga-se para nascer, viver e morrer. Quando alguma coisa é grátis, a gente até desconfia. Por isso é que temos dificuldade em entender a graça de Deus. Quantas vezes achamos que Deus também tem a mesma lógica do ser humano. Tudo o que Deus nos dá é graça, que é um presente do Senhor para nós. A vida, a família, o pão de cada dia, o trabalho, o estudo, a saúde... tudo é graça. E principalmente a salvação e a vida eterna. Tudo é graça e, pela fé, devemos receber. A fé é a mão que se estende para pegar a graça que vem de Deus. A nós cabe darmos uma resposta a tanto amor de Deus, seguindo o caminho que Ele nos aponta. A bondade de Deus, ao converter e salvar pecadores aqui e agora, estimula os outros a esperar, no futuro, por Sua graça e misericórdia. Nossa fé, conversão e salvação eterna não são pelas obras, para que ninguém se vanglorie. Estas coisas não acontecem por algo que façamos; portanto, todo orgulho fica excluído. Foi o propósito para o qual nos preparou, dizendo-nos com o conhecimento de Sua vontade, que Seu Espírito Santo produz tal mudança em nós, que glorificaremos a Deus por nossa perseverança na santidade. Ninguém pode abusar desta doutrina apoiando-se na Escritura, nem a acusar de nenhuma tendência ao mal. Saiba que no Reino de Deus somos chamados a trilhar outro caminho; um que não dependa das nossas realizações, mas sim, da realização do Senhor. Você não tem de realizar nada, apenas seguir a Jesus. Ele já ganhou para você a única vitória que Deus aceita.

Viva esta abundante graça que você encontrou em Jesus!

Declarando a promessa

Declaro que, pela fé, estarei salvo para a eternidade, pela graça do Senhor Deus. Buscarei, a cada dia, agradecer a Deus pela Sua graça e misericórdia para comigo, através do sacrifício de Jesus, Seu Filho, em meu lugar na cruz. Seguirei a Jesus por toda a minha existência, na certeza de já encontrei a vitória eterna!

Efésios 2.18-19

"Porque, por ele, ambos temos acesso ao Pai em um Espírito. Assim, já não sois estrangeiros e peregrinos, mas concidadãos dos santos, e sois da família de Deus" (ARA).

. . . .

Lição de fé para a minha vida

Os gentios estavam servindo a deuses estranhos e eram alienados de Deus, com a horrível situação de pecadores debaixo da ira divina. Então, Cristo entra em cena e tudo se transforma Os gentios, que estavam longe dos judeus, das promessas de Deus e das alianças, são aproximados em Jesus. Em Cristo a barreira caiu e eles foram aproximados. Eles estavam sem Deus no mundo, foram agora reconciliados em um só corpo com Deus; estavam sem Cristo, agora estão em Cristo. A cruz de Jesus aproximou judeus e gentios. Só quando entendemos os extremos ocupados por judeus e gentios é que podemos compreender o milagre que os aproximou. Ambos se encontraram na presença de Deus; ali não existe nada senão unidade, por isso são um em Cristo. Assim os não-judeus já não são mais estrangeiros no céu, mas membros da família de Deus e cidadãos do céu. Todos se reúnem na mesma base, na presença de Deus, através do sangue de Jesus; não há qualquer hierarquia. Ficamos aqui por algum tempo até que o Senhor cumpra a Sua obra em nós e então partimos para a verdadeira pátria. Fomos naturalizados, recebemos uma dádiva divina, e fomos adotados na família de Deus, com uma relação mais profunda e íntima. Judeus e gentios com a mesma fé preciosa, juntos na família de Deus. Somos uma comunidade onde não há judeu nem grego, escravo ou livre, homem ou mulher; todos somos um em Cristo. Nossa unidade resulta do amor. Nossa unidade é Cristo. Todas estas verdades constituem a sua posição em Cristo. Portanto, você pode viver à altura da sua vocação!

Declarando a promessa

Declaro que pela fé, pertenço à família de Deus, como os que foram lavados no sangue do Cordeiro, independente de sexo, raça, cor ou posição social. Tornar-me-ei membro da família de Deus porque Jesus Cristo, através do Seu sangue derramado, me garantiu a adoção. A cada dia de minha vida, aprofundarei a minha comunhão com Deus, nessa família. Eu sou vencedor! Sou parte da família de Deus!

Efésios 6.2-3

"Honra a teu pai e a tua mãe (que é o primeiro mandamento com promessa), para que te vá bem, e sejas de longa vida sobre a terra" (ARA).

. . . .

Lição de fé para a minha vida

Pai e mãe devem merecer a nossa honra, não importa se temos um relacionamento mais profundo com um ou outro. O mandamento não pede que achemos nossos pais perfeitos, porque não são; eles são falhos como todos somos. Deus não espera que nossos pais estejam sempre certos, porque nem sempre estão; há erro neles, como há em nós. Amemos nossos pais, mesmo que não mereçam, porque o amor não depende do mérito. A honra é devida porque os pais são indispensáveis. O relacionamento entre pais e filhos é totalmente imprescindível. Para os filhos, é indispensável ao desenvolvimento intelectual, moral, emocional e espiritual. Para os pais, é indispensável como planificação do sentido da vida. Os filhos são a prolongação, em quantidade e qualidade, da vida dos pais. Ao honrar seus pais, os filhos fazem bem a si mesmos e a seus pais, e os pais dão aos filhos uma perspectiva de vida. Mesmo que os filhos escolham outras visões, a primeira foi dada pelos pais. É tarefa dos pais prepararem os filhos para a vida, mesmo que isto implique em perdê-los do convívio direto. Eles devem ensinar aos filhos a noção de limites, pois sem ela, o ser humano não consegue desenvolver adequadamente sua personalidade. Mesmo que as tensões sejam múltiplas, elas fazem parte da aprendizagem. Os pais devem incutir nos filhos os valores que ficam para a vida toda. Pais e filhos devem passar tempo juntos, porque sempre têm o que aprender uns com os outros. Embora devam ser honrados, independentes de qualquer coisa, tanto pai como mãe devem se esforçar por merecer a honra dos seus filhos, amando-os, cuidando deles e oferecendo as condições necessárias ao seu desenvolvimento. E você filho, honre a seu pai e a sua mãe e viva bem!

Declarando a promessa

Declaro que honrarei os meus pais enquanto eu viver, independente do seu merecimento. Seguirei o mandamento bíblico, porque desejo ir bem nos meus dias na terra. Ensinarei os meus filhos, pelo exemplo, para que aprendam a honrar futuramente aos seus próprios pais. Sou um vencedor cumprindo a Palavra do Senhor!

Filipenses 3.13b-14

"Esqueço aquilo que fica para trás e avanço para o que está na minha frente. Corro direto para a linha de chegada a fim de conseguir o prêmio da vitória. Esse prêmio é a nova vida para a qual Deus me chamou por meio de Cristo Jesus" (NTLH).

Lição de fé para a minha vida

A preocupação do servo de Deus não deve estar nas coisas que pode perder ou nos sofrimentos pelos quais pode passar. Ele tem um objetivo concreto em sua vida e precisa alcançá-lo. Precisamos conhecer a direção certa para não corrermos em qualquer direção, sem objetivos definidos. Para chegarmos ao fim da corrida da carreira cristã e ser vencedor, precisamos ser leais ao que Deus nos confiou, abstermo-nos das coisas do mundo, termos objetividade e renunciar o nosso eu para viver Cristo. Quando escolhemos a vontade de Deus para as nossas vidas, estamos abrindo mão de escolher nossos caminhos e permitimos que o Senhor nos conduza. As coisas que vão ficando para trás, descrevem a parte da corrida já feita. Portanto, podemos calcular o quanto progredimos quando vemos o tamanho da nossa renúncia para com as coisas desta vida. Cada dia que passa surge diante de nós, novas revelações daquilo que Deus tem preparado para os Seus. Devemos perseverar, persistir, concentrar todas as nossas energias para insistir em chegar ao fim da corrida e receber o prêmio da vitória. Portanto, o cristão não pode desviar a sua atenção do objetivo final, não pode desviar os seus olhos do alvo. A persistência deve ser a chave da vitória do servo do Senhor. Desprenda-se das coisas que atrás ficam e prossiga para conseguir as coisas que estão diante de você. Persiga e empenhe-se em alcançar o prêmio para o qual Deus está lhe chamando ao céu, em virtude do que Cristo Jesus fez por você! Lute, prossiga para o alvo, o seu alvo é Jesus! Persista, porque o prêmio é seu!

Declarando a promessa

Declaro que avançarei, correndo a carreira que me foi proposta pelo meu Deus, esperando completar a corrida e chegar à vitória e ao prêmio. Essa corrida acontece durante a minha existência aqui na terra, quando preciso perseverar no Senhor, persistir e concentrar todas as minhas energias para superar todos os obstáculos e atingir a vitória! Eu sou um vencedor!

Filipenses 4.5

"Que todo mundo veja que vocês são generosos e amáveis em tudo quanto fazem. Lembrem-se que o SENHOR virá em breve" (VIVA).

Lição de fé para a minha vida

O texto ensina que o servo do Senhor precisa ser moderado em tudo, mas principalmente quando se trata da reivindicação de direitos pessoais e aplicação da justiça. A palavra moderação aqui tem o sentido de equilíbrio, não inclinado para a esquerda ou para a direita. Embora haja dificuldades nos pressionando, o fato de o Senhor estar ao nosso lado nos capacita a sermos equilibrados. Essa qualidade irá evitar o endurecimento de nosso espírito. O Senhor está perto, por isso podemos ser moderados ao passarmos pelas provas. A moderação é uma qualidade que denota equilíbrio e derrota a covardia do ansioso. Nós não somos coitadinhos, somos mais do que vencedores em Cristo Jesus, nosso Senhor. Temos que aprender a preservar a dignidade cristã mesmo nos momentos mais difíceis. Por causa da proximidade do Senhor, podemos regozijar-nos e tratarmos os outros com gentileza. Jesus está próximo porque Ele vive em nós através do Seu Espírito. Ele está próximo porque Sua vinda está iminente. Ele está próximo quando nos reunimos com os nossos irmãos em Cristo, servimos uns aos outros que estão necessitados ou compartilhamos o Evangelho com amigos e pessoas de outras culturas. Jesus prometeu estar conosco sempre. Não há nada mais contagioso do que uma pessoa amável e bondosa. Porque Jesus vive em nós, trabalha através de nós e está vindo para nós, podemos ser gentis e amáveis em tudo que fizermos! Seja generoso e amável ao servir a Cristo, em tudo o que você fizer. Esteja preparado, Cristo logo voltará!

Declarando a promessa

Declaro que procurarei ser sempre moderado, como convém ao Senhor Deus que eu seja. Buscarei viver o meu cotidiano demonstrando nas minhas atitudes o equilíbrio que a moderação traz. Tratarei a todos com gentileza e amabilidade, mantendo o meu espírito abrandado em tudo o que fizer. Procurarei ser um servo digno de carregar o nome de cristão, espelhando em minha vida todas as qualidades que o Espírito Santo de Deus derrama sobre mim. Sou equilibrado no Senhor! Sou vitorioso em Jesus Cristo!

Filipenses 4.13

"Tudo posso naquele que me fortalece" (NVI).

Lição de fé para a minha vida

O texto coloca a ênfase em Cristo e na capacitação que Ele dá para enfrentar as situações adversas que a vida trouxer. Ou seja, "com a força que Cristo me dá, posso enfrentar qualquer situação". Na abundância ou na adversidade, Cristo nos faz fortes o suficiente para lidar com qualquer situação. Tudo posso, dentro dos limites que Deus estabelece. Seja qual for a nossa situação, podemos lutar com alegria por meio de Cristo, que nos fortalece. O nosso foco não deve ser tanto nas realizações e habilidades; é mais sobre Cristo que nos dá a força para sermos fiéis à vontade Dele. Dependermos de Deus e podermos tudo através Dele é termos em mente que estaremos fortalecidos Nele em todos os momentos. A nossa fé no "tudo posso" deve estar mais na mudança dentro de nós do que nas nossas circunstâncias, pois algumas coisas têm que ser aceitas e Deus pode nos dar força para suportar as piores situações. A maioria de nós já aprendeu que as circunstâncias nem sempre acabam como queríamos. Sonhos morrem, relacionamentos acabam e as melhores esperanças que temos para nós e outros não acontecem de acordo com o nosso roteiro. A vida pode trazer situações diversas e adversas. Mas, para quem está em Cristo, tudo é possível, sem dúvida, no sentido de permanecer fiel a Ele – em Cristo. Não há lugar ou situação melhor. Não há situação mais importante do que simplesmente estar em Cristo. E isso é o que importa! Que Deus nos dê o contentamento para realizar tudo o que Ele preparou para nós, e não nos preocuparmos com nada que não seja da vontade Dele. E que possamos sempre fazer aquilo que é mais importante para cada discípulo – permanecer em Cristo. Você pode tudo, com a força e o poder que Cristo lhe dá!

Declarando a promessa

Declaro que vencerei todas as adversidades, pois com Jesus Cristo na minha vida estarei fortalecido. Permanecerei firme com o meu Senhor, sabendo que sempre que for necessário, Ele irá me capacitar para enfrentar toda e qualquer situação, por mais difícil que seja, e que vier a acontecer comigo. O meu foco será Jesus, que sempre me fortalecerá em todas as provações que eu enfrentar.

Colossenses 3.10-11

"E vos vestistes do novo, que se renova para o conhecimento, segundo a imagem daquele que o criou; onde não há grego nem judeu, circuncisão nem incircuncisão, bárbaro, cita, servo ou livre; mas Cristo é tudo em todos" (ARC).

Lição de fé para a minha vida

Quando somos recriados em Jesus, o sobrenatural do Deus criador toma conta do nosso corpo, alma e espírito, e se manifesta em um comportamento novo e poderoso, despertando a qualidade de vida em Cristo Jesus. Não precisamos cumprir "regrinhas", pois a Lei de Deus faz a todos iguais, dependentes da mesma salvação de Deus, em Cristo Jesus. Em Jesus, não importa a nacionalidade, a raça, a educação ou a posição social de alguém; estas coisas nada significam. Ele é igualmente acessível a todos, porque Cristo é tudo em todos. O verdadeiro caráter cristão só se manifesta quando estamos revestidos com a salvação, na santidade e no amor que procedem de Deus. Quando essas qualidades surgem no caráter do servo do Senhor, aí está acontecendo o revestimento de Deus. É nosso dever mortificar nossos membros que se inclinam às coisas deste mundo. Devemos nos opor continuamente a todas as obras do mundo corrupto e aos prazeres carnais. Devemos evitar aos prazeres da carne e o amor pelo mundo; e a cobiça, que é idolatria. É necessário mortificar os pecados porque se não os matarmos, eles acabarão conosco. O Evangelho transforma o novo, homem segundo a Palavra de Deus, e com isso não há mais diferença de país, de condição social ou de circunstância de vida, porque Cristo é um em todos. É dever de cada um ser santo, porque Jesus Cristo é o todo do cristão, seu único Senhor e Salvador, e toda sua esperança e felicidade.

Declarando a promessa

Declaro que me revestirei do novo homem, pois já me despi do velho. Viverei, a cada dia, buscando e aperfeiçoando as minhas novas características espirituais, porque sou nova criatura, vivendo em novidade de vida. Procurarei sempre mortificar o meu corpo, que naturalmente se inclina para os prazeres carnais, me opondo às obras que podem me corromper e me desviar da nova vida em Cristo. Eu serei vencedor! Com Jesus eu vencerei todas as tentações!

1Tessalonicenses 5.23-24

"O mesmo Deus da paz vos santifique em tudo; e o vosso espírito, alma e corpo sejam conservados íntegros e irrepreensíveis na vinda de nosso Senhor Jesus Cristo. Fiel é o que vos chama, o qual também o fará" (ARA).

Lição de fé para a minha vida

Uma das virtudes do fruto do Espírito é a paz. É ela que nos conforta diante das provações da vida, sempre nos trazendo consolação através do Espírito Santo. Somos chamados a fazer a diferença neste mundo que estamos inseridos e essa diferença só alcançaremos através da santificação concedida pelo Deus da paz. Precisamos ser separados e consagrados para alcançarmos um patamar mais excelente de perfeição. Para isso, é necessário mantermo-nos em constante espírito de oração e meditação da Palavra de Deus. Agindo assim, seremos conservados íntegros e corretos diante de Deus Pai, aguardando o grande dia que Jesus Cristo há de se manifestar. Fiel é esta palavra, pois são palavras do próprio Jesus, que da mesma forma como nos chamou, é fiel e justo para cumprir tudo que prometeu em Sua Palavra. A fidelidade do Senhor é um dos grandes atributos que Deus revela aos Seus filhos e, por isso, Ele espera que sejamos fiéis ao ministério que abraçamos na caminhada cristã. A vinda do Senhor está muito próxima; para não perdermos a oportunidade de subir com Ele, devemos nos manter irrepreensíveis para poder desfrutar das benesses preparadas para os que Nele creem. Mesmo se falharmos em algum momento, Deus é justo e verdadeiro para nos perdoar, pois não pode negar a Si mesmo. Portanto, conserve sua vida em pureza, pois, aquele que prometeu é santo e fiel para mantê-lo íntegro diante das tribulações.

Declarando a promessa

Declaro que viverei buscando santificação para experimentar a paz que excede todo entendimento. Reconhecerei que o Senhor é fiel e justo para me manter íntegro e irrepreensível diante das batalhas do dia-a-dia. Serei fiel ao Senhor em todos os momentos, onde minha alma, espírito e corpo serão consagrados ao Deus da paz, aguardando o dia em que nos ares encontrarei com meu Senhor. Sou chamado para um propósito e honrarei minha vocação, para que o nome do Senhor seja glorificado.

2Tessalonicenses 2.13-14

"Mas nós devemos sempre dar graças a Deus por vocês, irmãos amados pelo SENHOR, porque desde o princípio Deus os escolheu para serem salvos mediante a obra santificadora do Espírito e a fé na verdade. Ele os chamou para isso por meio de nosso evangelho, a fim de tomarem posse da glória de nosso SENHOR Jesus Cristo" (NVI).

Lição de fé para a minha vida

Gratidão. Algo tão pouco praticado atualmente pelos homens. Porém, o texto exorta a sempre dar graças a Deus por tudo. Devemos agradecer ao Senhor pela vida, pela saúde, por nossa família, pelos bens materiais e espirituais que recebemos. A falta de gratidão a Deus foi o que fez grandes homens fracassarem. Tudo provém do Senhor e, por isso, precisamos entregar toda nossa gratidão pelos benefícios que Ele tem feito. Um dos maiores motivos de nossa gratidão é a bênção de sermos salvos. Tal salvação é confirmada em nossos corações pela obra regeneradora do Espírito Santo, que através da Sua Palavra nos acrescenta fé para decidir pela verdade de Deus. Sabemos que a fé vem pelo ouvir a pregação da Palavra; por isso, precisamos sempre meditar nas Escrituras para sermos elevados a uma fé mais excelente. Desde a fundação do mundo Deus havia preparado um plano para redenção da raça humana, pelo sacrifício de Jesus, que foi o Cordeiro imolado para anulação de nossas culpas. Por isso, devemos valorizar a grande atitude de amor que Deus teve por nós, que além de morrer por nossos pecados, ainda nos promete uma vida gloriosa na eternidade. Tome posse desta promessa! O Senhor virá e não tardará! E quando esse lindo dia chegar, você receberá das mãos do Senhor as eternas recompensas celestiais.

Declarando a promessa

Declaro que sempre serei grato a Deus pelos benefícios que Ele me tem feito. Reconheço que desde o princípio Deus preparou um lugar para mim nas mansões celestiais e, por isso, serei eternamente grato a Ele. Submeter-me-ei à obra santificadora do Espírito Santo, para que a fé que me foi dada, seja aumentada para vencer as batalhas do caminho. O Evangelho é o poder de Deus para garantir a minha salvação e, por isso, tomo posse da glória que meu Salvador conquistou para mim na cruz!

1Timóteo 4.16

"Atente bem para a sua própria vida e para a doutrina, perseverando nesses deveres, pois, agindo assim, você salvará tanto a si mesmo quanto aos que o ouvem" (NVI).

. . . .

Lição de fé para a minha vida

O texto mostra um valioso conselho pastoral que o apóstolo Paulo dá ao seu amado discípulo Timóteo, que deveria ser seguido e praticado por todos aqueles que amam o Senhor Jesus. A vida pessoal daqueles que servem a Deus deve ser uma vida pura e sem escândalos para que o testemunho cristão seja bem visto, tanto pelos da comunidade quanto pelos de fora. Uma das coisas mais importantes sobre o testemunho cristão é viver aquilo que pregamos. A doutrina ensinada e proclamada deve ser vivida e seguida por aqueles que anunciam a Deus com integridade, sempre perseverando na fé cristã. O discurso nunca pode destoar da prática, pois um mau testemunho colocará em risco toda a pregação e as vidas envolvidas poderão ser perdidas para sempre. Por isso, devemos sempre manter nossas vestes alvas como a neve, tendo sempre o cuidado com a nossa própria vida, pois os deveres da prática cristã devem ser sempre manifestos a todos. Os princípios fundamentais do cristianismo sempre serão primazia na vida de quem almeja alcançar a sua salvação e a daqueles que o ouvem. Para tanto, é necessário ter cuidado com a nossa natureza pecaminosa, que muitas vezes nos leva a cometer erros. Portanto, perseveremos nos deveres da oração, jejum e leitura da Palavra de Deus para não colocarmos em risco a salvação dos que nos ouvem. Todo crente deve ser capacitado para que seu proveito seja evidente a todos, onde procure experimentar o poder do Evangelho em sua alma e frutificar ainda em vida na terra. Por isso, receba os frutos do bom testemunho e Cristo o recompensará abundantemente.

Declarando a promessa

Declaro que terei cuidado de mim mesmo e da doutrina de Cristo, reconhecendo a importância de perseverar na prática devocional, porque sei que meu testemunho de vitórias levará muitas pessoas a reconhecerem o senhorio de Jesus em suas vidas. Receberei todas as bênçãos proclamadas na Palavra, e todos aqueles que me cercam serão testemunhas oculares das vitórias de Deus em minha vida.

2Timóteo 1.7

"Pois Deus não nos deu espírito de covardia, mas de poder, de amor e de equilíbrio" (NVI).

Lição de fé para a minha vida

Que linda promessa! Deus promete nos dar um espírito de ousadia. Interessante que quando não conhecíamos o Senhor Jesus e ainda não tínhamos sido chamados para servi-Lo, éramos constantemente afetados pela covardia. Mas quando o Senhor resolveu se revelar a nós, nos escolhendo para Seu propósito de anunciar as boas novas do Evangelho, recebemos a garantia de que o Espírito Santo estaria conosco todos os dias de nossas vidas nos ensinando e guiando nas palavras que devemos proclamar. Quando recebemos o Consolador, toda covardia e timidez são dissipadas de nossas vidas e a virtude de um proceder poderoso passa a fazer parte integrante de nossa caminhada de fé. Devemos lembrar sempre dessa grande promessa, pois o amor de Deus foi derramado em nossos corações pelo Espírito Santo. Com a mesma intensidade que recebemos esse amor de Deus, devemos dar ao próximo como a nós mesmos. É esse amor que nos impulsiona a vivermos em comunhão e santidade fazendo com que vivamos com moderação de espírito. Portanto, quando estamos com nossa vida pautada nos princípios da fé cristã, vivemos em equilíbrio e harmonia. Por isso, sigamos os conselhos do apóstolo Paulo, de nunca desprezarmos o dom que há em nós, pois foi dado pelo próprio Senhor da seara que nos outorgou um Espírito de ousadia, fortalecido no poder e na misericórdia de Seu amor, para que vivamos sempre no equilíbrio da fé cristã. Não fique de fora e receba esse doce e meigo Espírito prometido desde os tempos mais remotos. Sua vida nunca mais será a mesma, depois de experimentar a presença poderosa do Espírito Santo. Tome posse!

Declarando a promessa

Declaro que, ao receber Jesus em meu coração, o Espírito Santo passou a habitar em mim e me impulsionou a uma caminhada de triunfo. Reconhecerei que nem o medo, nem a covardia fazem mais parte de minha vida, pois serei movido pela ousadia de um caminho triunfante. Receberei do Senhor a virtude de testemunhar o Seu nome com poder e autoridade, fazendo com que minha vida mude! Sou mais do que vencedor.

Filemom 1.20-21

"Sim, irmão, gostaria de ser beneficiado por ti no SENHOR; dê ânimo ao meu coração em Cristo. Escrevo-te confiado na tua obediência, sabendo que farás ainda mais do que peço" (AS21).

Lição de fé para a minha vida

O livro de Filemom revela uma história de intenso amor num episódio onde Paulo solicita enviar um escravo de volta ao convívio com seu senhor. Essa história tem uma perfeita analogia com o fato de um dia termos vivenciado períodos de escravidão pelo pecado nas mãos do inimigo; mas pela infinita misericórdia de nosso Senhor Jesus Cristo, nos enviou de volta ao Pai, fazendo a religação que havia sido desligada pelo pecado da desobediência de Adão. Essa é a atitude que Deus espera de nós, fazendo a reconciliação com aqueles que um dia nos magoaram, pois, assim como fomos perdoados e reconciliados com Deus, devemos proceder de igual maneira com nosso próximo, porque assim ensinou Jesus enquanto esteve entre nós. Se retivermos o perdão, nosso perdão diante do Pai também será retido. Se liberarmos, nossas culpas e ofensas serão perdoadas e a maravilhosa graça de Deus fará a transformação em nossas mentes. Aprendemos com esses conselhos que devemos ser obedientes, pois a obediência é fruto de uma vida devocional de bastante intimidade com Deus. Assim como fomos chamados para amar a Deus, devemos amar nosso próximo como a nós mesmos, fazendo com que os frutos da vida cristã sejam manifestos a todos que nos cercam e a alegria de servir a Deus seja contagiante para aqueles que observam. Portanto, sejamos prudentes em aceitarmos as desculpas de quem um dia nos magoou e estejamos sempre prontos a pedir perdão para aqueles que porventura um dia magoamos.

Declarando a promessa

Declaro que serei obediente ao Senhor, fazendo com que haja reconciliação entre as pessoas. Reconhecerei que, assim como Deus perdoou os meus pecados, também eu perdoarei aqueles que porventura um dia me ferirem. Submeter-me-ei à obediência do Senhor, pois é vontade de Deus que sejamos todos irmãos em Cristo. Os que tenho recebido do Senhor, por andar em submissão, me fazem triunfar, e as bênçãos de caminhar em comunhão com Deus e com o próximo me fazem reinar como príncipe nesta terra.

Hebreus 4.12

"Porque a palavra de Deus é viva e eficaz, e mais penetrante do que espada alguma de dois gumes, e penetra até à divisão da alma e do espírito, e das juntas e medulas, e é apta para discernir os pensamentos e intenções do coração" (ARC).

. . . .

Lição de fé para a minha vida

Os alicerces do mundo foram criados pela Palavra de Deus. Numa só ordem, Deus criou os primeiros fundamentos da terra. A Bíblia nos revela que toda Escritura é inspirada por Deus e útil para o ensino, para repreensão, para correção e para a educação na justiça. O texto nos diz que a Palavra de Deus é viva, pois tem o poder de atingir as partes mais íntimas da nossa personalidade e julgar nossos pensamentos mais secretos; que ela é eficaz, pois tem o poder de transformar a nossa vida quando nos prestamos a aprender e meditar nela. Jesus por diversas vezes esquadrinhou os pensamentos errados dos opositores de Sua época e revelou a verdadeira intenção do coração daquelas pessoas. E que também é tão poderosa que chega a ser mais cortante do que uma espada com lâminas duplas, que esquadrinha o interior da nossa alma e do nosso espírito. Foi através da Palavra de Deus que reinos foram subjugados, nações dizimadas e mortos ressuscitados. Portanto, devemos amar e guardar os mandamentos do Senhor, pois, são eles que nos fazem trilhar caminhos de vitórias. São os decretos de Deus que nos dão diretrizes para uma vida saudável. São os estatutos do Senhor que nos afastam do mal. São os preceitos de Deus que alegram nossos corações. São as ordenanças do Senhor que não nos deixam tropeçar. Busquemos então orientação na Palavra de Deus, porque agindo assim, receberemos as vitórias prometidas a nosso respeito e as bênçãos do Senhor nos seguirão!

Declarando a promessa

Declaro que amarei e guardarei a Palavra de Deus em meu coração para não pecar contra o Senhor. Reconhecerei que a origem das minhas vitórias está decretada na Palavra viva de Deus. Submeter-me-ei às ordenanças de nosso Senhor Jesus, sabendo que para ser um vencedor preciso obedecer aos preceitos de Deus. Tomo posse das promessas da Palavra de Deus na minha vida. Glória a Deus por Sua bendita Palavra!

Hebreus 11.1

"Ora, a fé é a certeza de coisas que se esperam, a convicção de fatos que se não veem" (ARA).

. . . .

Lição de fé para minha vida

Fé é uma das palavras mais comuns e mais características do Novo Testamento. A sua significação varia um pouco, mas todas as variações se aproximam muito. No seu mais simples emprego mostra a confiança de alguém que, diretamente, ou de outra sorte, está em contato com Jesus por meio da palavra proferida, ou da promessa feita. As palavras ou promessas de Jesus estão sempre, ou quase sempre, em determinada relação com a obra e a Palavra de Deus. Neste sentido a fé é uma confiança na obra e na Palavra de Deus ou de Cristo. Nós somos tornados justos, unicamente pelos merecimentos de Jesus Cristo. Nossas obras não têm poder de nos justificar. A fé não é uma causa, mas tão somente o instrumento, com o qual nos apropriamos do dom da justificação, que Jesus pelos méritos expiatórios, está habilitado a oferecer-nos. A fé é um elemento fundamental da vida com Deus. A fé não se sente, a fé é muito mais que mera certeza humana ou fruto da lógica. Por isso, creiamos nas promessas de Deus mesmo que ainda não vejamos, pois, a convicção de que elas acontecerão é o que agrada e glorifica a Deus. A fé sempre foi e sempre será a marca dos servos de Deus. É uma firme persuasão e expectativa de que Deus cumprirá tudo o que tem prometido em Cristo. A fé demonstra à mente a realidade das coisas que não se podem ver com os olhos do corpo. Este enfoque da fé se explica mediante o exemplo dos heróis de tempos passados que obtiveram bom testemunho ou um caráter honorável na Palavra de Deus. Portanto, tenhamos a mesma certeza e convicção daqueles que um dia morreram pela fé na vinda do Messias prometido.

Declarando a promessa

Declaro que permanecerei firme na fé e na certeza de que aquilo que não vejo no momento se cumprirá em minha vida para honra e glória do Senhor Jesus. Reconheço que essa convicção naquilo que espero vem direto do coração de Deus para o meu, me fazendo vencer e triunfar sobre as batalhas da vida.

Tiago 1.5

"Mas, se alguém tem falta de sabedoria, peça a Deus, e ele a dará porque é generoso e dá com bondade a todos" (NTLH).

. . . .

Lição de fé para a minha vida

Com o passar do tempo o homem vem aprimorando os seus conhecimentos, vindo sempre em busca de sabedoria e podemos notar que a ciência está se multiplicando assombrosamente. Existem pessoas que têm um grande conhecimento de muitas coisas, que são consideradas enciclopédias ambulantes, mas não possuem a verdadeira sabedoria, pois ela não é encontrada neste mundo. A verdadeira sabedoria vem de Deus e Ele nos aconselha a buscar esta sabedoria. Este atributo é mais que "conhecimento". Ele pressupõe o conhecimento e o dirige da melhor maneira possível. Assim a sabedoria é a capacidade espiritual de dirigir as ações de uma forma que o objetivo de alguém seja melhor alcançado para a glória de Deus. Todo servo do Senhor precisa de sabedoria para buscar a glória de Deus; todos nós precisamos de sabedoria para viver nossas vidas, da capacidade de saber como melhor se portar para a glória de Deus, como um filho do Senhor deve ser, manifestando que estamos qualificados para o ministério que nos foi confiado pelo Senhor. Essa sabedoria é encontrada em toda a Escritura e o Senhor prometeu dá-la liberalmente a quem pedisse. Devemos usar as Escrituras, a oração e o Senhor Deus para obter sabedoria e entendimento. É nosso dever lembrarmos daquilo que aprendemos, meditar nas coisas que nos foram ensinadas e não deixá-las se perderem. A verdadeira sabedoria é vida para a nossa alma, direciona os nossos passos, as nossas ações e nos ensina o caminho para a vida eterna com Deus. Retenha firmemente a sabedoria em seu coração, agarre-se a ela com todas as suas forças, e coloque-a em prática na sua vida. Seja sábio em Cristo Jesus!

Declarando a promessa

Declaro que buscarei constante e insistentemente sabedoria dos altos céus. Reterei firmemente a sabedoria em meu coração, pois será vida para a minha alma, direção para os meus passos e minhas ações. Empenhar-me-ei em viver minha vida na sabedoria de um verdadeiro filho de Deus, pois ela me conduzirá à vida eterna com Deus. Sou um sábio em Cristo Jesus, nosso Senhor!

1João 2.17

"E o mundo passa, e a sua concupiscência; mas aquele que faz a vontade de Deus permanece para sempre" (ACRF).

Lição de fé para a minha vida

O mundo que o texto se refere é o sistema de vida fomentado por Satanás e em rebeldia contra Deus. É a sociedade independente de Deus e sem a linha da justiça e da retidão divina. De acordo com os padrões deste mundo, dinheiro e poder são as avenidas por onde trafega o sucesso. O sucesso dentro do conceito de Deus é permanecer para sempre. E isso significa aquele que faz a vontade de Deus. Um dos desafios do cristão verdadeiro é viver no mundo, mas não permitir que o mundo viva dentro dele. Jesus disse que estaríamos no mundo, mas não seríamos do mundo. As glórias e os prazeres do mundo são transitórios. As alegrias que ele proporciona se evaporam e deixam um rastro de dor. Os que andam segundo o seu curso vivem prisioneiros do diabo, fazendo a vontade da carne e dos pensamentos. O final dessa estrada larga e dessa porta espaçosa é a condenação eterna. Mas aqueles que aborrecem o mundo e são perseguidos por ele, enquanto fazem a vontade Deus, prevalecem sobre as dificuldades e permanecem para sempre. A alegria que Cristo oferece é verdadeira e permanente. O mundo não a conhece, não pode dar nem mesmo tirá-la. A vida com Deus é vida plena, abundante e eterna. Precisamos avaliar a condição em que nos colocamos, se estamos ganhando o mundo e perdendo a alma ou perdendo o mundo e ganhando a alma. Que haja um despertar em sua vida e que o seu alvo supremo seja o céu, onde o Salvador habita. Faça a vontade de Deus e você viverá para todo o sempre desfrutando de uma alegria indizível e cheia de glória.

Declarando a promessa

Declaro que buscarei fazer a vontade do meu Deus em cada dia de minha existência. Não perderei de vista a consciência de que as glórias desse mundo sempre são breves e passageiras. Serei fiel ao Senhor, pois quero permanecer para sempre ao Seu lado quando for para a minha casa celeste. Sou vencedor, porque tenho uma vida eterna com o meu Deus e permanecerei para sempre.

Apocalipse 2.26-28

"A cada um que vencer – que até o fim continuar fazendo as coisas que me agradam – eu darei poder sobre as nações. Vocês as governarão com uma vara de ferro, tal como o meu Pai me deu autoridade de governá-las; elas serão esmigalhadas como um vaso de barro quando é quebrado em pedaços pequeninos. Eu darei a vocês a Estrela da Manhã!" (VIVA).

Lição de fé para a minha vida

Um dos atributos exclusivos de Deus é a onisciência, que é o conhecimento de tudo o que acontece e que existe. Não há nada que Deus não conheça; Ele conhece os nossos caminhos e os mais profundos pensamentos do coração. A Bíblia diz que todo o homem dará contas a Deus de tudo, até dos pensamentos e intenções mais escondidas no mais íntimo do ser. Portanto, o Senhor está ciente de todas as nossas obras. Ele conhece também o nosso amor, a nossa fé e a nossa paciência. Mas também Deus vê se há em nós a tolerância com o mal e a falta de zelo espiritual. De Deus procede o bem; por isso, como filhos de Deus, não podemos conviver com o mal. Então, os verdadeiros servos são aqueles que ouvem a voz do Senhor, que estão atentos a Deus e que não toleram a imoralidade. Deus nos chamou com o zelo da doutrina da Sua Graça, o verdadeiro Evangelho. Outro não existe. É melhor agradar e ser submisso a Deus; é melhor jamais tolerarmos qualquer doutrina inconsequente. Dessa forma, sempre venceremos! Tudo que fizermos será bem-sucedido! Jesus pagou um preço muito alto para que a nossa salvação fosse completa. Você será salvo e também um vencedor se até o fim continuar fazendo a vontade do Senhor nosso Deus.

Declarando a promessa

Declaro que terei o poder de Deus na minha vida; serei fiel despenseiro, guardando as obras do Senhor, através do meu proceder e das minhas atitudes. Então, serei vencedor, por intermédio de Cristo Jesus e terei poder sobre as nações da terra, com varas de ferro, com o que foi concedido pelo Senhor a mim. Serei submisso a Deus até o fim e herdarei a salvação, para ir morar nas mansões celestiais. Já me considero um total vitorioso!

Apocalipse 3.20-21

"Eis que estou à porta e bato. Se alguém ouvir a minha voz e abrir a porta, entrarei e cearei com ele, e ele comigo. Ao vencedor darei o direito de sentar-se comigo em meu trono, assim como eu também venci e sentei-me com meu Pai em seu trono" (NVI).

Lição de fé para a minha vida

Precisamos retornar à Palavra de Deus, pois só ela pode curar nossa cegueira ou corrigir a visão distorcida que temos. Nossa autoavaliação acaba se fundamentando em conceitos terrenos e mundanos. Mas a Bíblia nos alerta que os valores espirituais só podem ser conseguidos do próprio Deus. Bens materiais são necessários para a vida terrena. Nossa relação com Deus não deve ser construída sobre aspirações materiais. O servo do Senhor deve viver em busca de um caráter irrepreensível, formado por virtudes espirituais. Precisamos nos aproximar de Deus em busca de valores espirituais, sendo o principal deles a pureza das vestes, ou seja, uma vida de santificação. Deus manifesta o Seu amor por nós quando nos aconselha, repreende e castiga. Contudo, Ele não obriga Seus filhos a mudarem. Ele não força. Ele espera que atendamos à Sua voz e abramos a porta. Aqueles que se tornam servos de Deus compartilham suas vidas com Ele, em alegria ou tristeza. Aqueles que trabalham para o Senhor vivem crendo na Sua Palavra e, através da fé, nosso Senhor sempre cumpre todas as Suas obras. Quantas portas o Senhor abriu para nós? Quantas bênçãos Ele nos deu? Em outros momentos, Ele espera que nós lhe abramos a porta, dando ouvidos à Sua voz, assumindo uma postura de aceitação, compromisso e intimidade com Ele, permitindo que Ele entre e domine todas as áreas da nossa vida. Quem abrir a porta, recebendo o senhorio de Jesus, será também por Ele recebido na glória celestial. Ouça sempre a voz de Deus e siga na liderança do Espírito Santo.

Declarando a promessa

Declaro que abrirei a porta do meu coração quando Jesus bater. Na verdade, Jesus já entrou, recebi o Seu senhorio na minha vida e ceamos juntos. Tenho a confiança de que serei recebido pelo Senhor Jesus na glória celestial, porque sou vencedor junto com Ele e a Sua promessa não deixa nenhuma dúvida que estaremos ao lado do Mestre no céu.